Ferda Ataman

Hört auf zu fragen

ICH BIN VON HIER!

S. FISCHER

Erschienen bei S. FISCHER
2. Auflage April 2019

© 2019 S. Fischer Verlag GmbH,
Hedderichstr. 114, D-60596 Frankfurt am Main

Umschlaggestaltung: Simone Andjelković
Autorenfoto: Andreas Labes
Satz: Dörlemann Satz, Lemförde
Druck und Bindung: CPI books GmbH, Leck
Printed in Germany
ISBN 978-3-10-397460-7

Es ist unmöglich, die Fackel der Wahrheit
durch ein Gedränge zu tragen,
ohne jemandem den Bart zu versengen.

Georg Christoph Lichtenberg (1742–1799)

Inhalt

Smalltalk und Blutwurst –
Worum es in diesem Buch geht 9

Fünf Missverständnisse im Einwanderungsland

Migranten schulden Deutschland nichts. Im Gegenteil . . . 23
Deutsche: Wie sehen sie aus? 41
Wir haben uns integriert. Jetzt seid ihr dran! 57
Migration ist stinknormal und kein Grund zum Ausrasten 73
Wir haben kein Migrationsproblem, sondern ein
Demokratieproblem 89

Fünf Vorschläge, wie es weitergehen kann

Integrationspolitik für alle! 107
Rassismus verstehen: Worüber reden wir eigentlich? . . . 129
Politisch korrekt? Ja, bitte! 155
Teilen lernen: Die Zeit des *weißen* Mannes ist vorbei 169
Heimat wovon? Ein Vorschlag 183

BÄM! Kleine Auswahl Neuer Deutscher Meinungen 197

SMALLTALK UND BLUTWURST – WORUM ES IN DIESEM BUCH GEHT

Ich bin in Gostenhof aufgewachsen, einem Arbeiterviertel in Nürnberg. Meine besten Freundinnen hießen Miriam, Lotta und Gaby. Ich hätte vielleicht auch Freund*innen[1] mit türkischen Namen gehabt, aber die gab es in meiner Klasse nicht. Die meisten Migrantenkinder wurden damals in Ausländerklassen gesteckt. Ich bin da nur deswegen nicht gelandet, weil meine Mutter protestiert hat und darauf bestand, dass ich in die deutsche Regelklasse komme. Also zu Miriam, Lotta und Gaby.

---

1 Es ist schön, Menschen nicht auszuschließen. Also möchte ich gern alle Geschlechter in meinem Text ansprechen. Da es mehr gibt als männlich und weiblich, verwende ich das Sternchen (*), das unter jüngeren Leuten teilweise schon üblich ist. Falls Sie das nicht schon kennen: Ich verspreche, man gewöhnt sich daran.

Zwischen meinen Freundinnen und mir gab es keine nennenswerten Unterschiede, höchstens, dass ich eifersüchtig war auf Lottas Wendy-Abo. Bis zu einem gewissen Alter bleibt man verschont von der Integrationsmanie der Deutschen. Doch dann, irgendwann, merkst du, dass du anders bist als deine Freundinnen. Dass du fremden Leuten immer wieder erklären sollst, wo du *herkommst*. Und dass »Gostenhof« als Antwort nicht reicht, weil sie wissen wollen, wo du *wirklich* herkommst. Und dass die Leute erst zufrieden sind, wenn du »Türkei« gesagt hast. Oder dass dich Leute einfach so loben: »Du sprichst aber gut Deutsch. Wie kommt das?« Keine Ahnung.

Ich werde schon mein Leben lang gefragt, wo ich herkomme, nur weil ich Ferda heiße. Gut, mein Name ist tatsächlich ungewöhnlich und schwer einzuordnen. Würde ich Fatma heißen, würden die Leute vermutlich nicht fragen. Sie würden *wissen*, dass ich aus der Türkei komme. Das wäre auch nicht besser.

Liebe Ausschließlichdeutsche ohne Migrationshintergrund, hört bitte auf damit. Ich weiß, diese Fragen sind meistens keine böse Absicht. In unzähligen Diskussionen haben mir Leute erklärt, dass sie ein Zeichen für Interesse an der Person sind, ja sogar ein Fortschritt, weil sich *Deutsche* endlich trauen, auf Ausländer zuzugehen. Nur genau da liegt das Problem. Für mich sind die Fragen ein Zeichen dafür, wo mich die Fragenden verorten: nämlich unter nicht-deutsch. Unter nicht-von-hier.

Dabei ist das Kuriose: Mir wird das Deutschsein abgesprochen und etwas anderes geschenkt. Irgendwie halten mich alle für eine Türkei-Expertin und eine Islam-Gelehrte. Nur wegen meines Namens und dem Geburtsland meiner Eltern. Ist das nicht verrückt? Leute wie ich werden automatisch *migrantisiert* und *muslimisiert*.

Ich habe aber keine Lust, mein Leben lang zu erklären, wo meine Gene herkommen, wie ich zum türkischen Präsidenten stehe oder was ich vom Kopftuch halte. Ich verstehe gut, dass viele meiner Freund*innen mit Migrationszusatz den Nachnamen ihrer originaldeutschen besseren Hälfte annehmen und den Kindern Vornamen geben wie Nora, Lena oder Jakob. Sie wollen ihrem Nachwuchs die Ausbürgerung durch Fragen ersparen. Das ist quasi die Integrationsguerilla meiner Generation: Bald kann man an den Namen nicht mehr erkennen, wer migrationshintergründig ist und wer nicht.

An der Namensguerilla beteiligen sich mitunter auch Standarddeutsche, wofür ich ihnen sehr dankbar bin. Ich hatte früher in Ostberlin einen Weinhändler, der faszinierenderweise Mustafa Lehmann hieß. Faszinierend, weil Mustafas ureingeborene deutsche Eltern sich offenbar nichts dabei dachten, als sie ihrem Sohn in der DDR einen türkischen Vornamen verpassten. Sie fanden ihn einfach gut. Doch Mustafa sitzt damit im gleichen Boot wie wir. Auch er muss oft die Frage nach seiner Herkunft beantworten. Für mich sind seine Eltern wahre Integrations-Pioniere. Wenn mehr Volldeutsche ihren Kindern Namen mit Migrationshintergrund geben, wäre die Guerilla schneller effektiv. Irritation für Integration.

Natürlich werden nicht alle migrantisierten Menschen ständig gefragt. Mein Freund Mehmet sieht offenbar so aus, wie man sich in Deutschland einen Mehmet vorstellt. Und er sieht offenbar auch aus wie ein Islamexperte. Also wird er ungefragt für einen Türken und Religionsgelehrten gehalten, obwohl sein Türkisch nicht akzentfrei ist und seine Kenntnis über den Glauben bescheiden. Würde man ihn fragen, könnte er die Situation wenigstens aufklären.

Sie sehen schon, das mit den Fragen ist nicht leicht. Mein Tipp, falls Sie zu den Fragenden gehören: Lassen Sie sich nicht verunsichern. Ich will niemanden vom Smalltalk abhalten. Aber vielleicht könnten Sie bei Menschen mit internationalen Namen den gleichen Smalltalk führen, wie bei allem anderen auch: Wetter, Beruf, Straßenverkehr. Wenn Sie unbedingt Biografisches rauskitzeln wollen, empfehle ich zu fragen, wo der Name herkommt und nicht die Person. Das bürgert weniger aus. Nur in meinem speziellen Fall klappt das leider nicht so gut, da »Ferda« ein persischer Name ist. Also werde ich dann als Iranerin abgespeichert.

Wenn ich mit Leuten über die Wo-kommst-du-her-Frage diskutiere, wird es meistens ungemütlich. Ich glaube, weil über dem Thema unweigerlich die »Rassismus-Keule« schwingt. Aber das sollte uns nicht davon abhalten. Nur weil man eine mutmaßlich migrantische Person nach ihrer Herkunft fragt, ist man natürlich kein*e Rassist*in. Aber wer einwandfrei Deutsch sprechende Leute nur wegen ihres Namens oder ihres Aussehens woanders verortet, hat ein herkunftsdefiniertes Bild vom Deutschsein. Die Frage steht für eine zentrale Wahrnehmungsstörung im Einwanderungsland: Deutsch ist für viele nur, wer von Deutschen abstammt. Die gesellschaftliche Realität ist aber eine andere. Viele Dragans, Cemiles, Rafikis und Ceijas sind Deutsche und von hier. Punkt. Aus. Nix, aber von wo.

Meine Eltern kamen vor über 40 Jahren als »Gastarbeiter« aus der Türkei. Ich bin in Deutschland geboren. Für mich reicht das, um *von hier* zu sein. Mein Bedürfnis, das zu betonen, ist in den letzten Jahren gewachsen. Denn es wird immer deutlicher, dass Leute wie ich nicht in die Kategorie »Deutsche« fallen, sondern in die Kategorie »Überfremdung«.

Obwohl ich formal keine Migrantin bin, fühle ich mich angesprochen, wenn Politiker*innen Migration zum Problem erklären oder Integration zur kostspieligen Mammutaufgabe. Und in letzter Zeit fühle ich mich leider sehr oft angesprochen.

Wir waren schon weiter

Seit 2015, seit über eine Million Geflüchtete nach Deutschland kamen, sind wir in Deutschland geradezu besessen vom Thema Migration. Von morgens bis abends reden wir über *Flüchtlinge, Islam und Integration*. Fluchtmigration steht zeitweise auf Platz eins der dringlichsten Themen, für die unsere Politik alles andere stehen und liegen lässt. Danach kommt lange nichts. Und dann erst Armut, Wohnungsnot, Bildung, Rente und so weiter.

Auf den ersten Blick hat diese Asyldebatte nichts mit mir zu tun. Auf den zweiten Blick aber schon. Denn seit neuestem stellen wir wieder infrage, ob wir überhaupt ein Einwanderungsland sein wollen. Als wären ich und Millionen andere nicht schon längst da.

Wir waren schon mal weiter. Wir waren eigentlich schon dabei, das Einwanderungsland politisch zu gestalten, zum Beispiel mit einem neuen Staatsangehörigkeitsgesetz im Jahr 2000 und neuen Gesetzen für Zuwanderung 2005. Doch so, wie wir die Debatten gerade austragen, fühle ich mich zurückversetzt in die 1980er Jahre, als ich noch ein Kind war und meine Eltern *ausländische Mitbürger* genannt wurden, oder in die 1990er Jahre, als die rechtsextreme Deutsche Volksunion (DVU) in mehrere Landesparlamente einzog.

Bei dem aktuellen Dauergerede über Migration

passiert etwas, das bei mir und vermutlich vielen anderen ein enormes Frustrationspotential freisetzt:

1. Wir tun so, als könnten wir ernsthaft entscheiden, *ob* wir Migranten im Land haben wollen oder nicht, und wenn ja, *wie viele* wir davon vertragen. Das ist Blödsinn. Sie sind längst da – und ein Teil des »Wir«. Doch seit 2015 sind die Schonlangehier-Migranten und Bindestrich-Deutschen irgendwie unsichtbar geworden. Das wäre nicht weiter schlimm, wenn sie unter »wir Deutsche« subsumiert würden. Werden sie aber nicht. Vielmehr tun wir so, als hätte es sie (also uns) nie gegeben, als wüssten wir in Deutschland nicht, wie man Eingewanderte in die Gesellschaft integriert. Wir pflegen das Bild von einer christlichen, *weißen* Gemeinschaft, in die nun – Achtung, neu – muslimische Migranten reinkommen. Doch die Vorstellung von einer homogenen deutschen Aufnahmegesellschaft ist eine deutsche Lebenslüge.

2. Gleichzeitig bekommt man bei den Migrationsdebatten das Gefühl vermittelt, dass es eine gesellschaftliche Obergrenze für Migranten gibt, ab der die Stimmung kippt. Im Koalitionsvertrag 2018 heißt es dazu: »Wir sind uns darüber einig, dass die Integrationsfähigkeit unserer Gesellschaft nicht überfordert werden darf.« Nach dem Motto: Zu viele Migranten verursachen zu viel Stress. Nennen Sie mich paranoid, aber bei diesem Stress-

faktor können doch unmöglich nur die rund eine Million Geflüchteten gemeint sein, die seit 2015 nach Deutschland gekommen sind. Da sind die unsichtbaren Migranten wieder im Spiel. Da bin auch *ich* gemeint. Bei solchen Sätzen merke ich, wie die Wut in mir aufsteigt: Wie lange sollen wir uns eigentlich noch anhören, dass unsere Anwesenheit manche Deutschen stresst?

Die Bundesrepublik und auch die Deutsche Demokratische Republik waren de facto schon immer ein Einwanderungsland – wir haben nur absurde 50 Jahre gebraucht, um das zu akzeptieren. Dabei hat jedes dritte Kind, das in die Schule kommt, bereits einen sogenannten Migrationshintergrund – und das ist konservativ gezählt. Unsere Gesellschaft ist nicht multikulturell – sie ist superdivers. Deutsche heißen Günter und Gaby, aber eben auch Fatma und Fatih, Khuê und Romani.

Das ist auch unser Land!

Die aktuelle Migrationsdebatte ist auffällig Islam-fixiert. Aus Menschen, die ihre Haut vor dem Bürgerkrieg in Syrien retten wollen, ist eine »Massenmigration« aus muslimischen Ländern geworden. Muslime werden schon seit langem mit allen möglichen schlimmen Klischees versehen: Sie seien frauenverachtend, kriminell, antisemitisch und potentiell terroristisch. Das hinterlässt seine Spuren. Nicht nur Rechtsextreme stellen sich die Frage, ob sich die *muselmanischen Mitmenschen* überhaupt integrieren lassen. Inzwischen stimmt eine Mehrheit der Menschen in Deutschland dem Satz zu: »Durch die vielen Muslime hier fühle ich mich manchmal wie ein Fremder im eigenen Land.« 56 Prozent der Befragten bejahten das laut der Leipziger Autoritarismus-Studie von 2018.

Was macht unsere Politik mit solchen Befunden? Sie reagiert, wie so oft, unterkomplex. Als Grund für die »Fremdheitsgefühle« machen viele Politiker*innen die gestiegene Zahl der Asylsuchenden aus. Wären aber wirklich die Geflüchteten der Anlass für die »Ängste«, dann müsste das harmlose Migrantenmuffensausen parallel zur Asylstatistik abnehmen. Tut es aber nicht. Im Gegenteil. Und wir erleben gerade einen handfesten, historischen Rechtsruck in Politik und Medien. Aber nur wenige sehen den Rechtsruck als zentrales politisches Problem.

Stattdessen wollen die meisten Politiker*innen sensibel auf die »Überfremdungsangst« reagieren und gehen auf die Sorgen »der Deutschen« ein. Damit meinen sie nicht meine oder vielleicht auch Ihre Sorge vor dem Rechtsruck. Sie meinen die Angst vor einer »Umvolkung« der Deutschen, die es ins Repertoire der allgemein akzeptierten Phobien geschafft hat. Als Lösung kommt manche Partei wie die CSU also auf krude Ideen wie mehr Abschiebungen, geschlossene Grenzen und stärkere Heimatgefühle. Auch CDU, SPD, FDP und Teile der Linkspartei antworten auf den grassierenden Rassismus (im Volksmund »Fremdenfeindlichkeit« genannt) immer wieder mit Abgrenzungspolitik.

Auf Dauer kann eine Demokratie aber mit Verständnis für Ressentiments nichts gewinnen, davon bin ich fest überzeugt. Und ja, es sind Ressentiments. Denn alles war gut, als Fatma die Toiletten geputzt hat und Ali Müllmann war. Jetzt, wo beide Lehrer werden wollen oder gar in die Chefetage schielen, fühlen sich manche auf einmal fremd im eigenen Land. Wenn aber germanische Ureinwohner Probleme mit aufsteigenden Migranten und ihren Nachkommen haben, dann ist das keine berechtigte Sorge, sondern Neid. Oder, akademischer ausgedrückt: Dann wollen sie »Etablierten-Vorrechte« behalten. In der Wissenschaft nennt man das auch *Rassismus*.

Viele denken, Rassismus habe nur was mit Nazis zu tun, und lehnen es ab, darüber zu reden. Doch bei Rassismus geht es nicht immer um die Wahnvorstellung, Menschen würden bestimmten »Rassen« angehören. Moderner Rassismus – auch *Neorassismus* genannt – reduziert Menschen eher auf eine bestimmte *Herkunft, Kultur* oder *Wurzel*. Und am Ende des Tages geht es um die Gretchenfrage einer jeden Nation: Wer gehört dazu? Und: Wer darf das bestimmen?

Auf Dauer muss eine Einwanderungsgesellschaft ihre Verteilungskämpfe offen austragen. Um da ein Wörtchen mitzureden, engagiere ich mich seit Jahren in Vereinen. Einer davon heißt »Neue deutsche Medienmacher«. Das ist ein Journalisten-Club für Leute, die von der Statistik mit einem »Migrationshintergrund« gesegnet wurden und ein bisschen Schwung in die Medien bringen wollen. Um auch jenseits von Medienfragen mitzureden, haben wir ein Netzwerk gegründet, das »Neue Deutsche Organisationen« heißt. Hier kommen Initiativen von *Bindestrich*-Deutschen aus ganz Deutschland zusammen und engagieren sich für eine *postmigrantische* Gesellschaft. Wir haben uns »Neue Deutsche« genannt, weil wir klarstellen wollen:
1. Wir sind von hier.
2. Unsere Vereine sind keine Ausländervereine – es sind deutsche Vereine.
3. Themen wie Rassismus, Chancengleichheit und Bildung sind keine Migrantenthemen, sondern deutsche Themen.

Es ist höchste Zeit, dass in den Debatten deutlich wird: Das ist auch unser Land!

Wir haben in Deutschland eine völlig schiefe Wahrnehmung von dem, wer »wir Deutschen« und »die Migranten« sind. Unsere Debatten über Integration und Migration zeigen, wie wenig wir über unsere Gesellschaft wissen und dass wir einer Reihe peinlicher Missverständnisse aufsitzen. Darüber sollten wir reden. Deswegen biete ich in dieser Streitschrift zehn Thesen an: Fünf Kapitel über die gröbsten Missverständnisse, fünf Kapitel darüber, was sich ändern muss, damit wir Deutschland als modernes Einwanderungsland neu verstehen können.

Noch ein Wunsch

Mir macht es großen Spaß, um neue Sichtweisen zu ringen. Ich rede dabei gern Klartext und wirke wohl manchmal etwas missionarisch auf Leute. Das weiß ich von meinen Freund*innen, die jedes Mal lieb und geduldig mit mir diskutieren, wenn ich mit meinen Standpunkten ankomme. Manchmal ziehe ich diskursiv den Kürzeren – das gehört dazu. Mir ist wichtig, dass die Auseinandersetzung nicht verbissen geführt wird. Aber gerade bei Integration, Migration und Rassismus habe ich das Gefühl, dass viele Menschen im Internet und in der Politik total humorfrei an die Sache rangehen. Als stünde die Apokalypse ins Haus, wenn man sich etwas lockerer damit befasst. Das sehe ich anders. Man kann auch einfach mal darüber schmunzeln, wenn sich Blutwurst auf das Büffet der Islamkonferenz verirrt, wie 2018 geschehen, ohne gleich einen Kulturkampf daraus zu machen. Ausgerechnet Blutwurst, der Mix aus Schweineblut, Speck und Schwarte, bei einem ministeriellen Empfang für Muslime. Eine der vielen Irrungen und Wirrungen im Einwanderungsland.

Vielleicht könnten Sie mir den Gefallen tun und dieses Buch nicht als Debattenbeitrag einer *Migrantin* lesen, sondern als den Einwurf einer Bürgerin, die sich Sorgen um ihr Land macht. Einer *besorgten Bürgerin* quasi.

Viel Spaß!

MIGRANTEN SCHULDEN DEUTSCHLAND NICHTS.
IM GEGENTEIL

Missverständnis Nr. 1

Wir wollen Einwanderung nur, wenn sie uns etwas nützt. Gleichzeitig erwarten wir von Migranten Dankbarkeit. Das macht keinen Sinn.

»Gastarbeiter« ist wirklich ein schräges Wort. Wer bitte lässt seine Gäste Toiletten putzen und Akkordarbeit am Fließband verrichten? Das Wörtchen »Gast« sollte eigentlich nur klarstellen: die gehen wieder. Denn am Anfang der Gastarbeitereinwanderung in den 1950er und 60er Jahren galt ein »Rotationsprinzip«: Die werktätigen Ausländer wurden vertraglich verpflichtet, Deutschland nach kurzer Zeit wieder zu verlassen. Doch weil die frisch angelernten Gäste jedes Mal von unerfahrenen Neulingen ersetzt wurden, war das auf Dauer zu teuer für die Wirtschaft. Die Bosse wollten ihre Arbeiter behalten. Die Rotation wurde aufgehoben. Dass ich 1979 als Kind von türkischen Gastarbeitern in Deutschland geboren wurde, liegt lediglich am wirtschaftlichen Interesse der Bundesregierung. Es ging ganz bestimmt nicht um Gast*arbeiter*freundlichkeit.

Ich bin mir nicht sicher, ob das allen in Deutschland bewusst ist, aber einwanderungsfreundlich war unsere Politik noch nie. Trotzdem erwarten viele Menschen *Dankbarkeit* von Migranten. Bis heute gilt: Sie sollen ranklotzen wie Arbeiter, aber sich zurückhalten wie Gäste. Bloß keine Ansprüche stellen. Diese Erwartung an Menschen »mit Migrationshintergrund« wird sogar vererbt. Auch ich soll dankbar sein, dass ich hier leben darf, und soll bitteschön die Politik nicht kritisieren oder den Rechtsruck anprangern. Ein dankbarer Migrant beschwert sich nicht. Rund 27 Prozent der Befragten in einer repräsentativen Umfrage stimmten 2018 dem Satz zu: »Wer irgendwo neu ist oder später hinzukommt, der sollte auf keinen Fall Forderungen stellen oder Ansprüche erheben.«[2]

Diese Haltung ist weit verbreitet, weil sie unserem Narrativ entspricht. Jede Gesellschaft hat so ein Narrativ. Das ist die sinnstiftende Erzählung, die eine Gruppe zusammenhält. In Deutschland ist es die Erzählung davon, wie wir nach dem Zweiten Weltkrieg zum modernen und sympathischen Rechtsstaat wurden. Unsere Erzählung geht sinngemäß so:

Wir Deutschen haben den Nationalsozialismus nach 1945 überwunden. Seither gibt es bei uns keinen Rassismus mehr (außer vielleicht bei ein paar Neonazis im Osten). Wir haben Deutschland aus eigener Kraft wieder aufgebaut. Aus lauter Schuldgefühl haben wir unseren Nationalstolz lange unterdrückt. Wir sind weltoffen und tolerant. Manchmal ein bisschen zu tolerant. Unsere Migranten haben es jedenfalls gut. Ein bisschen Dankbarkeit dafür wäre schön.

---

2 Studie der Universität Bielefeld (IKG) »ZuGleich – Zugehörigkeit und Gleichwertigkeit«, 2019.

Viele Menschen haben diese Erzählung so oder so ähnlich verinnerlicht. Doch sie ist ein großes Missverständnis: Fast nichts davon stimmt.

Der Nationalsozialismus war nach 1945 nicht überwunden

Im Mai 1945 wurde Deutschland von den Alliierten nicht »befreit«, wie es Bundespräsident Richard von Weizsäcker 40 Jahre später nannte. Die Deutschen saßen nicht da und warteten auf die Friedenstaube. Nein, sie schossen auf die einrollenden Alliierten und führten Krieg an der Front, bis zum letzten Moment. Dass viele Deutsche erleichtert waren über das Ende des Kriegs heißt nicht, dass sie gleich entnazifiziert waren. Ideologisch gab es keine »Stunde Null«.

Die Besatzungsmächte wollten Deutschland möglichst schnell in eine funktionierende Demokratie umwandeln. Nur wie? Wer gegen die Nazis war, war tot, weggelaufen oder psychisch am Ende. Also kamen für Politik und Verwaltung in der Bundesrepublik vor allem wieder Nazis und ihre freiwilligen Vollstrecker in Frage. Viele Herrenvolk-Fans erhielten passable »Anschlussverwendungen« und bauten *Germany* mit auf. Das Justizministerium hatte seinen Nazi-Anteil vor ein paar Jahren aufgearbeitet und fand heraus: bis 1973 waren von 170 Juristen in Leitungspositionen 90 ehemalige Mitglieder der NSDAP und 34 sogar der Sturmabteilung (SA), also der paramilitärischen Kampforganisation der NSDAP.

Aber nicht nur in der Politik gab es Kontinuität, auch in den Medien, der Wissenschaft, Medizin, bei Polizei, Geheimdiensten und beim Militär fanden viele stramme Nazis eine zweite Heimat. Der Autor Max Czollek beschreibt in seinem Buch »Desintegriert euch« die bisher größte Integrationsleistung Deutschlands: die Integration der Nazis in die Bundesrepublik. Wer wirklich denkt, dass der Nationalsozialismus nach dem Zweiten Weltkrieg überwunden war, hat leider keine Ahnung.

Allerdings hat Deutschland – vor allem dank der 68er-Bewegung – eine ziemlich einmalige Erinnerungskultur entwickelt. Meine Mutter hat immer gesagt, dass sie das an den Deutschen sehr beeindruckt: Sie stehen zu ihrer dunklen Vergangenheit, anders als die meisten Menschen in ihrer Heimat. Die Deutschen bemühen sich um Läuterung, der Nationalsozialismus gehört zur Allgemeinbildung. Wer hier zur Schule geht, lernt etwas über die Nazigräuel und den Massenmord an Juden.

Allerdings vergessen wir dabei gern, dass die Erinnerungskultur keineswegs ein Selbstläufer war.

Die schnelle Sehnsucht nach Nationalgefühlen

Es hat Jahrzehnte gedauert, bis sich die Menschen in Deutschland mit ihrer Nazivergangenheit beschäftigt haben. Und bis heute wurde der eine oder andere Massenmord noch nicht richtig aufgearbeitet, wie der an den Sinti und Roma in Europa oder an den Herero und Nama in der Kolonie »Deutsch-Südwestafrika«. Auch die Versklavung von Millionen von »slawischen Untermenschen« als Zwangsarbeiter in Deutschland ist wenig bekannt.

Aber nicht nur die Rechtspopulisten von der AfD finden, es sei jetzt auch mal wieder gut mit dem Schuldgefühl. In den Feuilletons führen wir schon seit Jahrzehnten eine »Schlussstrich«-Debatte. Leute, die den Alptraum des Rassenwahns überlebt haben, müssen sich anhören, wie sehr die Deutschen unter ihrem Erinnerungskult leiden und dass sie endlich wieder ein Recht auf Nationalgefühle einfordern. Interessant ist, dass wir gleichzeitig von muslimischen Eingewanderten ein klares Bekenntnis zu unserer Geschichte verlangen. Wir sind uns also einig, dass sich *Migranten* mit der historischen Verantwortung Deutschlands beschäftigen und Antisemitismus ächten müssen – aber bei uns selbst ist es irgendwann auch mal gut? Wie geht das?

Es ist leider inzwischen so, dass uns Antisemitismus deutlich mehr interessiert, wenn er von Muslimen oder Eingewanderten herrührt. 2018 führten wir eine *wochenlange, bundesweite* Debatte über Antisemitismus, weil im März rauskam, dass muslimische Schüler in Berlin eine jüdische Mitschülerin gemobbt hatten. Und im April erschien ein Handyvideo, das einen Geflüchteten zeigt, der auf der Straße seinen Gürtel zieht und auf einen Mann mit Kippa einschlägt. Viele Politiker*innen aus ganz Deutschland zeigten sich danach schockiert über den *Antisemitismus unter Muslimen* und forderten Konsequenzen. In mehreren Städten gab es Demonstrationen gegen Antisemitismus. Gut so. Aber als sich ein paar Monate später im August 2018 einer der heftigsten antisemitischen Angriffe der letzten Jahre ereignete, hat das kaum jemanden umgetrieben. In Chemnitz attackierten fast ein Dutzend Neonazis ein jüdisches Restaurant und verletzten den Eigentümer. Immerhin der sächsische Ministerpräsident verurteilte die Tat scharf, und ein paar Medien haben den Vorfall gemeldet. Aber zum Vergleich: Mobbing an der Schule und ein 19-jähriger Syrer mit einem Gürtel führen zu einer nationalen Debatte und zu Statements sämtlicher Bundespolitiker*innen. Eine gewaltbereite Neonazi-Meute wird als sächsisches Problem behandelt. Eine Debatte über Antisemitismus »unter Christen« oder »unter Deutschen« blieb aus. Nicht, dass das sein müsste. Angemessen wäre, wir würden es jedes

Mal gleich behandeln: als schockierenden Antisemitismus. Egal mit welchem Hintergrund.

Wir haben Deutschland nicht allein aufgebaut

Der Wiederaufbau und das Wirtschaftswunder werden als deutsche Erfolgsstory beschrieben – und waren ja auch sehr erfolgreich. Schon 20 Jahre nach Kriegsende waren nicht nur die meisten Kriegsspuren beseitigt, die Deutschen trugen schon wieder stolze Wohlstandsbäuche durch die Gegend, fuhren Autos und wurden selbstbewusst. Die deutsche Tüchtigkeit wirke Wunder, hieß es. 1969 gab Franz Josef Strauß, ehemaliger Wehrmachtssoldat und inzwischen hochrangiger CSU-Politiker, einen berühmten, verschwurbelten Satz von sich: »Ein Volk, das diese wirtschaftlichen Leistungen vollbracht hat, hat ein Recht darauf, von Auschwitz nichts mehr hören zu wollen.«

Mal abgesehen davon, dass das inhaltlich völliger Schwachsinn ist, war das Wirtschaftswunder keine rein deutsche Leistung. Wie auch? Trümmerfrauen räumten den Schutt nicht alleine weg, angeordnet und koordiniert wurde der Wiederaufbau von den ausländischen Alliierten. Der Aufschwung kam dank ausländischem Kapital zustande, dem segensreichen Marshallplan der USA. Und damit aus den Dollars ein deutscher Wohlstandsbauch werden konnte, mussten ausländische Arbeitskräfte rangeschafft werden. Stolz auf den Erfolg des neuen Deutschland konnten also vor allem die US-Amerikaner, Russen, Franzosen und Briten sein, außerdem die Trümmerfrauen und die Gastarbeiter.

Übrigens ist auch unser Grundgesetz – auf das wir so stolz sind – keine rein deutsche Erfindung. Es wurde von den ausländischen Besatzungsmächten mitgeschrieben. War bestimmt auch besser so.

Nicht Nächstenliebe, sondern purer Egoismus brachte die Migranten her

Schließlich wurden Einwanderer wie meine Eltern geholt, um die Drecksarbeit zu machen. Nachdem es im Nachkriegsdeutschland wieder wirtschaftlich bergauf ging, haben die Unternehmen die Politiker (damals nur Männer) gedrängt, Anwerbeabkommen abzuschließen und Ausländer (auch nur Männer) ranzuschaffen. Zu keiner Zeit ging es darum, Menschen aus ärmeren Ländern eine Chance zu geben. Man brauchte sie.

Gegen Ende der Gastarbeiter-Ära wurden Frauen geholt, weil sie noch billiger zu haben waren als Männer. Meine Mutter gehörte zur »Leichtlohngruppe«, was in ihrem Fall hieß, dass sie schlechter bezahlt wurde als männliche Gastarbeiter, die schon schlechter bezahlt wurden als Deutsche.

Sie hat mir mal von dem Tag erzählt, an dem sie in Ankara zur Leibesvisitation einbestellt wurde: nackt hinstellen, Hände ausstrecken, Zunge raus. Dann abgetastet werden und ab aufs Klo, in einen Becher pinkeln. »Wir fühlten uns wie Vieh«, sagt sie. Die Gesundheitsprüfung in der »Deutschen Verbindungsstelle« gab es, weil Gastarbeiter*innen nicht schwanger sein oder Gebrechen mitbringen durften. Sie waren für harte Arbeit vorgesehen. Das kann man legitim finden. Aber eine Aktion der Nächstenliebe ist das nicht.

Die Menschen, die kamen, arbeiteten unter schlechten Bedingungen zu miserablen Löhnen und sollten schnell wieder gehen. Sie kannten ihre Rechte nicht, waren ihren Arbeitgebern ausgeliefert und wurden oft ausgebeutet. So wie Armando Rodrigues de Sá, der millionste Gastarbeiter, der 1964 aus Portugal kam und in der Bundesrepublik mit einem Geschenk begrüßt wurde: ein Moped und ein Strauß Nelken. Das Schwarzweißbild von der feierlichen Begrüßung des verdutzten Gastarbeiters am Bahnhof ist in die Geschichtsbücher eingegangen. Nach sechs Jahren kehrte Armando Rodrigues de Sá in die Heimat zurück und blieb dort, weil bei ihm Magenkrebs festgestellt wurde. Niemand hatte ihm in Deutschland gesagt, dass er Anspruch auf Krankengeld hatte. Also gab die Familie die gesamten Ersparnisse aus Deutschland für die Behandlung aus. Als er mit 53 Jahren verarmt starb, nahm die deutsche Öffentlichkeit keine Notiz davon.

Natürlich kamen die Leute freiwillig, sie wollten unbedingt nach *Almanya*, weil sie in der Türkei, in Marokko, Italien oder sonst wo auf der Welt keine guten Aussichten hatten. Ursprünglich wollten viele schnell Geld verdienen und dann ab nach Hause. Bei Millionen Menschen ist es auch genauso gekommen, die meisten sind gegangen. Aber ein Teil ist geblieben. Trotzdem schulden sie Deutschland nichts. Sie haben alles gegeben.

Unsere Migranten haben es nicht besonders gut

Es stimmt, viele Migranten sind gekommen und geblieben, weil sie hier ein besseres Leben haben als in der alten Heimat. Aber das mit dem »besser« ist so eine Sache. Die Mehrheit der *ausländischen Mitbürgerinnen und Mitbürger* hat Erfahrungen gemacht, die sich in das kollektive migrantische Bewusstsein eingebrannt haben. Es sind Erinnerungen, die auch die späteren Generationen teilen. Leider keine guten. Man merkt sich ja meistens nur die schlimmen Dinge.

Der Journalist Günter Wallraff hat sich in den frühen 1980er Jahren als Türke verkleidet und zog los, um zu malochen. Zwei Jahre lang hat er für sein Buch »Ganz unten« recherchiert. Mit seiner Perücke sah er aus wie die Karikatur eines Türken, sein Deutsch klang wie die peinliche Imitation eines türkischen Akzents, aber das fiel nur uns auf. Wallraff hat einen Blick in die Abgründe des Fremdarbeiteralltags geworfen. Am Ende war der Journalist, alias Levent Sigirlioğlu, völlig geschafft und vor allem: empört. Sein schonungsloses Fazit: »Ich habe mitten in der Bundesrepublik Zustände erlebt, wie sie eigentlich sonst nur in den Geschichtsbüchern über das 19. Jahrhundert beschrieben werden.« Menschen würden gedemütigt, ausgebeutet, menschenverachtend behandelt. Wallraff spricht von »Apartheid« in Deutschland. Sein Buch war 1985 wochenlang Bestseller. Ich frage mich, ob es das auch geworden wäre, wenn es ein echter Levent veröffentlicht hätte? Auf jeden Fall hätte es Leute gegeben, die ihm erklärt hätten, er könne ja nach Hause gehen, wenn es ihm nicht passt.

Die meisten unserer Eltern haben diese Lebensphase als sehr schwere Zeit abgespeichert. Das hat auch uns geprägt. Man war nicht stolz darauf, Gastarbeiterkind zu sein. Das kommt erst jetzt. Aber umso mehr lege ich Wert darauf, dass niemand Dankbarkeit von mir oder meinen Eltern verlangt.

Ende der 1980er Jahre kam dann die Wende, die viele Migranten in Ost und West mitgefeiert haben. Endlich war das Land wieder vereint, hurra! Doch nach der Party wurde es für migrantisierte Menschen eher ungemütlich, auf beiden Seiten. Das politische Klima verschob sich weit nach rechts, die Asyldebatte Anfang der 1990er Jahre kann man zusammenfassen mit dem Slogan »Das Boot ist voll«. Auch damals betrafen die Diskussionen und die Asylrechtsverschärfung nicht nur die Menschen, die vor den Jugoslawienkriegen flüchteten. Auch damals wollte die Politik den Volksbesorgten signalisieren, dass ihre »Ängste« durchaus berechtigt seien. Auch damals lautete die Botschaft, »zu viele Ausländer sind ein Problem«. Alles wie heute. Wir machen eine politische Rolle rückwärts.

Dann folgten die Pogrome, 1991 in Hoyerswerda und 1992 in Rostock-Lichtenhagen. Im Fernsehen sahen wir, wie ein brauner Mob Brandsätze auf ein Wohnheim von Vietnamesen feuert, während die Nachbarschaft klatscht und die Polizei sich zurückzieht. Oder wie Mosambikaner um ihr Leben fliehen müssen und kurze Zeit später – zu ihrem eigenen »Schutz« – weggeschickt werden. Dann, auch unvergessen, die brennenden Wohnhäuser türkischer Familien, die in Mölln und Solingen von Neonazis angezündet wurden. Niemand aus der Bundespolitik kam damals nach Solingen, um den Angehörigen der fünf Todesopfer Beileid auszudrücken. Diese Bilder sitzen fest.

Und dann die rechtsterroristische Mordserie des »Nationalsozialistischen Untergrunds«, ein besonderer Tiefpunkt in der Geschichte der Einwanderungsrepublik. Zehn Morde, drei Sprengstoffanschläge, 15 Raubüberfälle, ein Ziel: ethnische Säuberung. Taten statt Worte. Das Schlimmste daran: Die Sicherheitskräfte haben das untergetauchte Trio nach keiner einzigen Tat überführt, weil sie im Leben nicht auf die Idee gekommen wären, dass hinter den Morden an neun Migranten Neonazis stecken könnten. Sie suchten die Täter fleißig unter den ausländischen Mitbürger*innen. Auch das ist kollektives migrantisches Wissen: Der NSU hat sich 2011 selbst enttarnt, der Staat hat die Menschen nicht beschützt.

Migration macht Deutschland zu dem, was es ist

Unsere Selbstwahrnehmung als migrationsfreundliche und (zu) tolerante Gesellschaft ist schief. Unsere Eltern sind keine Gäste, sie haben dieses Land mit aufgebaut. Wenn man ihnen gegenüber tolerant ist, dann nicht aus Großzügigkeit, sondern weil sie Bürger*innen dieses Landes sind und Rechte haben. Deutschland ist auch ihre Heimat und sie schulden ihr nichts.

Sie haben Jobs gemacht, die Einheimische nicht machen wollten. Sie haben sich kaputt geschuftet für das deutsche Wirtschaftswunder und die Jahre danach. Und viele meiner Freundinnen und Freunde machen sich Sorgen um die Gesundheit ihrer Eltern, bei denen sich die Spuren der harten Arbeit inzwischen zeigen. Da kommt die Dankbarkeitsforderung besonders daneben.

Die ewige Leier von der Dankbarkeit nervt nicht nur, sie ist auch unlogisch. Wir diskutieren Migration in Deutschland eigentlich ausschließlich unter einem Gesichtspunkt: dem Nutzwert. Welche Migrant*innen bringen uns was und wie viele davon wollen wir haben? Menschen nur über ihren Gebrauchswert zu betrachten, ist eine Möglichkeit (wenn Sie mich fragen, die falsche). Aber dann darf man keine Dankbarkeit erwarten. Entweder. Oder.

Wenn wir über Dankbarkeit reden wollen, dann bitte anders herum: Unser Land verdankt seinen Migranten viel. Das gilt auch heute noch. Menschen kommen aus dem Ausland und putzen unseren Alten den Po, schuften auf dem Bau oder arbeiten in Krankenhäusern auf dem platten Land, wo niemand hinziehen will. Migranten halten unser System aufrecht, oft nur für kleines Geld und unter prekären Bedingungen. Ohne Migration wäre unser Sozialstaat im Eimer und der Wohlstand in Gefahr. Obwohl das sogar die Konservativsten in der Wirtschaftswissenschaft bestätigen, hören wir ständig das Gegenteil: Einwanderung sei eine Gefahr fürs Land.

Bis heute gibt es keine offizielle Anerkennung für die Leistungen der Eingewanderten. In Schulbüchern und im Geschichtsunterricht findet dieses Narrativ nicht statt. Die Rolle unserer Eltern in Deutschland wird nicht erzählt oder wenn, dann nur als Erklärung, warum wir heute so viel über Integrationsprobleme reden.

Wir brauchen ein neues Narrativ. Eins, dass auch uns mitnimmt und einschließt.

DEUTSCHE: WIE SEHEN SIE AUS?

Missverständnis Nr. 2

Wir glauben, dass wir Deutsche und Ausländer am Aussehen erkennen. Weil noch immer gilt: Deutsch ist, wer von Deutschen abstammt. Wir müssen uns endlich von der völkischen Idee verabschieden.

Wenn ich sage, »meine Eltern kommen aus der Türkei« höre ich häufig: »Beide? Das hätte ich jetzt nicht gedacht. Sie sehen gar nicht türkisch aus.« Manchmal kommt noch: »Sie könnten auch Französin oder Spanierin sein.« Ich glaube, das ist als Kompliment gemeint.

Türkisch aussehen heißt offenbar: schwarze Haare, dunkle Augen, dunkle Haut. Falls Sie mal in der Türkei waren, wissen Sie, dass zwar viele so aussehen, aber viele auch nicht. *Dunkle Haare, dunkle Haut* ist ein Klischee. Genauso wie unsere Vorstellung von typisch deutschem Aussehen: *blond und blauäugig.* Schon absurd, dass wir immer noch an diesem Bild hängen. Dabei waren sich schon die Nazis nicht zu blöde, den Prototyp der deutschen »Herrenrasse« falsch zu zeichnen: groß gewachsen, mit blondem Haar und hellen Augen. Falsch deswegen, weil die meisten Einheimischen von Natur aus keineswegs so aussehen. Der Führer zum Beispiel: nicht sonderlich groß, dunkel behaart und mit Schnauzer glich Adolf Hitler eher dem Stereotyp eines Anatoliers als einem Arier. Gut, er war kein Deutscher (sondern Österreicher), aber der vermeintliche Anatolier-Look fand sich auch bei anderen in seinem Kabinett.

Wann verinnerlichen wir in Deutschland endlich, dass man Ausländer und Deutsche nicht an ihrer

Physiognomie erkennt? Wie kann es sein, dass wir noch immer so einen primitiven Blick auf Menschen haben?

An Aussehen und Namen kann man vielleicht, aber wirklich nur vielleicht, ableiten, wo die Vorfahren herkommen. Doch da stellt sich die Frage: Warum sind wir so fixiert auf die geographische Herkunft der Gene? Was sagt das über die Person aus?

Eigentlich nichts. Denn alles, was wir meinen, über Menschen aus der Türkei, aus Syrien, Polen, Russland, Vietnam und so weiter zu wissen, sind Klischees. Pauschale Zuschreibungen. Die müssen nicht unbedingt falsch sein, aber sie gelten eben auch nicht für Abermillionen von Menschen gleichzeitig.

Falls Sie finden, »die ethnische Herkunft interessiert mich eben, sie ist nun mal aufschlussreich«, dann wäre ich vorsichtig: Das Einzige, was die sogenannte Ethnie Ihnen mit Sicherheit verraten kann, ist, welche kulturelle Stigmatisierung Sie mit ihr verbinden. Also welche Klischees in Ihrem Kopf rumschwirren.

In diesem Sinne würde ich gern mal einen Tipp für Veranstalter*innen loswerden, der auf persönlichen Erfahrungen beruht: Es muss nicht bei jeder Runde, die irgendwas mit Türken oder Türkei zu tun hat, Baklava und Börek serviert werden. Ich weiß, das gilt als Zeichen von »interkultureller Kompetenz«. Aber stellen Sie sich vor, Sie würden in China leben und jedes Mal, wenn Sie und andere Deutsche zu einer offiziellen Veranstaltung kämen, gäbe es Rippchen mit Sauerkraut. Weil man ja weiß, dass Deutsche das essen. Das ist nett gemeint. Aber irgendwie auch peinlich.

Sie wären überrascht, wie oft Klischees nicht stimmen. Wenn Freunde aus der Türkei zu Besuch kommen, wollen die meisten erst mal eine Currywurst probieren. Aber während sich Türken in Deutschland aufhalten, versuchen viele Einheimische sie davor zu schützen, Schweinefleisch zu essen, weil sie denken, dass sei in ihrem Sinn. Eine Journalistin aus der Türkei erzählte mir vor kurzem lachend, jemand hätte ihr bei einem Empfang ein Schinkenbrötchen aus der Hand geschlagen und geschrien, »das ist Schwein!«.

Noch immer gibt es die weit verbreitete Annahme, dass bestimmte Leute in eine bestimmte Gruppe gehören, weil *sie bestimmte Wurzeln* haben und dass damit bestimmte Verhaltensmuster verbunden sind. Von dieser Wurzel-Theorie halte ich nichts. Zum Glück – und das ist wohl der Fortschritt – reden wir nicht mehr von *Rassen* und *Herrenmenschen*, und deutlich weniger von *Volk* und *Nation* (wobei diese zwei Wörter langsam wiederkommen). Allerdings weisen viele kluge Wissenschaftler*innen darauf hin, dass die verpönten Begriffe eigentlich ersetzt wurden von Worten wie Ethnie, Herkunft, Kultur, Tradition und Wurzeln.[3] Auch das sind rückwärtsgewandte, starre Konzepte von Identität, und auch sie werden verwendet als pauschale Zuschreibungen.

Die Sache mit den *ethnischen Wurzeln* begegnet uns ständig. Sie hat damit zu tun, wie wir das Deutschsein definieren.

Kleine Apologie des Deutschseins

Wer ist Deutsch und wenn ja, wie viele? Wenn wir ehrlich sind, drücken wir uns seit Jahrzehnten darum, diese Frage zu diskutieren. Dabei ist sie in einem Einwanderungsland total zentral. Die meisten Menschen glauben, dass wir uns – abgesehen von ein paar verirrten Neonazis – vom *völkischen* Denken verabschiedet haben. Doch das haben wir nicht. Nicht richtig, zumindest. Wir kultivieren noch immer die *Abstammungsnation*.

Völkische Denke ist bei uns sogar geltendes Recht: Das »Bundesvertriebenengesetz« ist unter anderem dazu da, um »deutsche Volkszugehörige« aus dem Ausland zurückzuholen. Es ermöglicht Menschen, in die deutsche Heimat zurückzukehren, auch wenn ihre Vorfahren seit vielen Generationen in Osteuropa oder

---

3 Zum Beispiel Stuart Hall, Étienne Balibar, Manuela Bojadzijev, Kien Nghi Ha und viele andere.

Asien gelebt haben. In Paragraph 6 wird definiert, wer dazu gehört:

»Deutscher Volkszugehöriger im Sinne dieses Gesetzes ist, wer sich in seiner [ausländischen] Heimat zum deutschen Volkstum bekannt hat, sofern dieses Bekenntnis durch bestimmte Merkmale wie Abstammung, Sprache, Erziehung, Kultur bestätigt wird.«

Das ist interessant. Wir belohnen die Volksdeutschen also dafür, dass sie im Ausland über Generationen hinweg die Integration verweigert – oder zumindest ihr Deutschsein gut konserviert haben. Bei Türken und Arabern in Deutschland werden wir dagegen unruhig, wenn sie in der zweiten oder dritten Generation noch einen Bezug zum Herkunftsland ihrer Eltern haben. Wir sind auch nicht begeistert, wenn migrantische Eltern großen Wert darauf legen, dass ihre Kinder zweisprachig aufwachsen – es sei denn, die zweite Sprache ist Französisch, Spanisch oder Englisch.

Interessant ist auch: Bei Volkszugehörigen fragen wir nicht nach dem Bildungsgrad oder ob die Wolgadeutschen »kulturell« zu uns passen. Es gilt die Erwartung: Wer von Deutschen abstammt, kann sich problemlos integrieren. Die Aussiedler*innen und Spätaussiedler*innen haben in der Tat den Vorteil, dass viele schon bei der Ankunft Deutsch können und die Staatsbürgerschaft erhielten. Aber dass es deswegen problemlos läuft, ist natürlich Quatsch. Auch sie haben Schwierigkeiten mit dem Ankommen. In ein neues Land umzuziehen ist immer hart. Und viele leben unter schweren und prekären Bedingungen.

Da wir aber nicht nur das Deutschsein, sondern auch die Integration in einer Abstammungslogik betrachten, nehmen wir die Probleme einseitig wahr: Mit den einen gibt es Stress, mit den anderen nicht. Wir haben den Eindruck, dass es nur Probleme mit Menschen aus *bestimmten Kulturkreisen* gibt, nämlich mit den nicht-deutschen, nicht-christlichen, nicht-europäischen. Genauer gesagt: vor allem mit den Muslimen. Integrationsschwierigkeiten von Russlanddeutschen und anderen laufen bei uns völlig unter dem Radar. Vermutlich ein großer Vorteil: Im Windschatten der Integrationsproblemzone kann man bestimmt besser ankommen als die Geflüchteten aus Syrien, die erst einmal beweisen müssen, dass sie nicht alle Frauenschänder sind. Wenn mir früher in einer Bewerbung auch nur *ein* Rechtschreibfehler durchgerutscht ist, warf das die Frage auf: Kann die überhaupt Deutsch? Obwohl da steht, dass ich in Deutschland geboren bin.

Schon toll, wenn die Aufnahmegesellschaft nicht von vorne herein ans Scheitern denkt, sondern mit einer »Das wird schon«-Haltung rangeht. Warum sind wir nicht bei allen Einwanderer*innen so zuversichtlich?

Wir verwenden die Begriffe »Deutsche« und »Migranten« falsch

Unsere völkische Sichtweise merkt man auch in der alltäglichen Sprache. Achten Sie mal darauf: Die meisten Menschen in Deutschland – ganz egal ob eingewandert oder nicht – benutzen das Wort »Deutsche« als Synonym für Deutsche *ohne Migrationshintergrund*. Für echte *Volks*deutsche. Das sagen wir so natürlich nicht, deswegen nennen wir sie im Alltag lieber *Herkunftsdeutsche*, scherzhaft *Biodeutsche* oder einfach *Deutsche*. Meinen damit aber eigentlich das gleiche: Deutsche deutschen Geblüts.

Und die meisten Menschen sagen »Migranten« und meinen damit alle Nicht-Volksdeutschen, also auch Leute wie mich, die hier geboren und aufgewachsen sind. Die nicht deutscher *Herkunft* sind.

Also ist oft die Rede vom Zusammenleben von »Deutschen *und* Migranten« oder »Deutschen *und* Muslimen«. Wobei Muslime und Migranten oft miteinander gleichgesetzt werden – aber niemals gleichgesetzt werden mit Deutschen. Man ist entweder deutsch oder eingewandert, deutsch oder muslimisch. Was aber ist mit Leuten, die beides sind? Oder alles drei? Da gibt es eine Menge Überschneidungen. Immerhin haben über zehn Millionen Deutsche einen Migrationshintergrund, und viele Muslime sind deutsche Staatsangehörige. Wir müssen aufhören, bei »Deutsche« nur an *Deutsche ohne Migrationsmarkierung* zu denken.

Das Problem sprachlich zu lösen, ist einfach: Statt »wir Deutsche« und »die Migranten« müsste es in einem Bericht über Migration heißen: Eingewanderte und Nichteingewanderte. Oder wenn es um Muslime geht: Muslime und Nichtmuslime. Schwieriger wird es, das Problem in unseren Köpfen zu lösen.

Deutschland ist längst eine plurale Republik. Auch Ahmet und Yeganeh werden als Deutsche geboren. Nur passt das nicht so recht ins Bild der Abstammungsnation. Deswegen kommt unsere Wortwahl nicht hinterher. Deswegen reden wir von Wurzeln, Herkünften und Kulturen. Und von Deutschen und Migranten als sich ausschließende Gruppen. Für uns sind Migranten noch immer diejenigen, die von außen reinkommen und Deutsche diejenigen, die schon immer hier waren. Millionen von Menschen, die in Deutschland geboren wurden, werden *migrantisiert*. Über Generationen hinweg. Das nervt total.

Ein Beispiel. Im November 2018 titelte die BILD-Zeitung: »Nur eins von 103 Kindern spricht zu Hause deutsch«. Ein alarmisierender Bericht über eine Berliner Schule. Darin hieß es: »103 Erstklässler – darunter ein einziges Kind mit deutschen Eltern.« Ich nehme an, dass das eine Falschmeldung war und unter den 102 Elternpaaren durchaus noch mehr Deutsche zu finden gewesen wären. Nur eben keine volldeutschen Volksdeutschen.

Viele Medien fanden das so spannend und störten sich nicht am rassistischen Zitat der Schulleiterin (»Wir sind arabisiert«), sodass sie die Story mit gleichem Nachrichtengehalt nachdrehten. Im Tagesspiegel kamen die berühmten Wurzeln zum Tragen: »Von 103 Kindern, die in diesem Jahr eingeschult wurden, hat nur ein einziges *deutsche Wurzeln.*« Stern-TV nationalisierte knallhart: »Nur noch vereinzelt deutsche Schüler«.

Das ist nur eins von unzähligen Beispielen, die es dazu gibt. Egal ob Berichterstattung in den Medien, politische Debatten oder persönliche Gespräche – überall wird deutlich: *richtig* Deutsch bist du nur, wenn sich deine teutonischen Vorfahren schon lange auf deutschem Boden gepaart haben. Und du bleibst irgendwie ausländisch, wenn sich deine Vorfahren woanders vermehrt haben und keine richtigen Deutschen waren.

Wenn wir ehrlich sind, denken viele »Deutsche« immer noch als Clan, als Dorf, als Blutsgemeinschaft. Doch das »deutsche Volk« ist eine Kopfgeburt, genauso wie die völkische Idee jeder »Nation« auf der Welt. Streng genommen gibt es auch keine Ethnien –

denn auch sie arbeiten mit dem Konzept von Blut und Boden.

Der Migrationshintergrund ist eigentlich ein Abstammungshintergrund

2013 tauchten im Migrationsbericht der Bundesregierung plötzlich eine halbe Million mehr »Personen mit türkischem Migrationshintergrund« auf als im Vorjahr. Statt 2,5 Millionen waren es auf einmal fast drei Millionen. Die wundersame Vermehrung der »Deutschtürken« lief still und heimlich, sie ist niemandem aufgefallen. Weil sich eigentlich auch nichts getan hatte. Wären in diesem Jahr tatsächlich eine halbe Million Anatolen eingewandert, hätten Sie das natürlich mitbekommen. Unsere völkischen Freunde hätten den Untergang des Abendlands herbeigeschrien. Doch der Grund für den Anstieg war lediglich eine neue Zählweise von Kindern aus *binationalen* Ehen, ein statistischer Kniff. Der Vorfall zeigt, wie beliebig unsere Statistik ist.

Offiziell haben knapp 23 Prozent der Einwohner*innen in Deutschland einen *Migrationshintergrund*. Diese statistische Größe ist eine Erfindung aus dem Jahr 2005 – davor gab es den Migrationshintergrund so noch nicht. Aber wir verwenden ihn, als wäre er ein angeborener Körperteil: Manche Menschen haben zwei Arme, zwei Beine und einen Migrationshintergrund. Um diesen zusätzlichen Körperteil zu bekommen, nennen wir ihn den Migrationsbuckel, muss man selber nichts tun. Es reicht, wenn die Eltern oder Großeltern eingewandert sind.

Vor 2005 wurde die ausländische Familienlaufbahn nicht kategorisch erfasst – es gab nur »Ausländer« und »Deutsche«. Doch immer mehr Ausländer bürgerten sich ein und wurden für die Behörden unsichtbar. Damit verschwanden auch ihre Integrationserfolge wie Abitur, gute Jobs und so weiter. Es war also gut gemeint, als man in der amtlichen Statistik die »Person mit Migrationshintergrund« einführte – **ab jetzt liebevoll *Mihigru* genannt**. Als Mihigru zählen rund neun Millionen Ausländer und knapp zehn Millionen Deutsche mit Migrationsbuckel. Jede vierte Person in Deutschland kommt also aus einer Einwandererfamilie.

Das ist natürlich nur ein Durchschnitt: In manchen Regionen sind es viel mehr, in anderen viel weniger. Über 95 Prozent aller Mihigrus leben in Westdeutschland und Berlin. Die meisten davon in großen Städten: In Frankfurt am Main ist die Mehrheit aller Einwohner*innen migrationshintergründig (53 Prozent), in Stuttgart liegt ihr Anteil bei 44 und in Nürnberg bei 45 Prozent. Das ist schon beachtlich, aber immer noch konservativ gezählt.

Die Statistik bildet nämlich nicht ab, was sie mit

dem Wort *Migrations*-Hintergrund verspricht. Eigentlich wären das ja alle Menschen, die selbst oder deren Eltern oder Großeltern in die Bundesrepublik eingewandert sind. Aber ein wesentlicher Teil der deutschen Migrationsgeschichte wird in der Statistik nicht sichtbar. Die Vertriebenen zum Beispiel – Millionen Menschen mit Migrationserfahrung und Fluchtgeschichte – werden nicht gezählt, weil sie deutschen Geblüts sind. Auch im Ausland geborene *richtige* Deutsche, die nach Deutschland migrieren, zählen nicht als Mihigrus.

Ein Blick in die Definition und Zählweise macht klar: Der Migrationshintergrund ist eigentlich ein Abstammungshintergrund. Er markiert Menschen mit *ausländischen Wurzeln* in Abgrenzung zu *Volksdeutschen*. Würde man tatsächlich den Migrationshintergrund zählen, wären wohl mehr als die Hälfte aller Menschen in Deutschland Mihigrus. Deutsche ohne familiäre Wanderungsgeschichte sind in der Minderheit.

Wir merken gar nicht, wie sehr wir unseren Alltag noch immer mit problematischen, künstlichen Kategorien bestreiten.

Bei der entscheidenden Frage »Wer gehört dazu« sollten wir endlich Klartext reden: Deutsche als genetische Clique? Die Zeiten sind vorbei. Also bye bye Volksdeutsche*r. Her mit dem neuen *Wir*.

Es gab in den 1990er Jahren einen unsympathischen Witz, den ich gern erzählt habe:
- *Sagt der Ossi zum Wessi: »Wir sind ein Volk.«*
- *Antwortet der Wessi: »Wir auch.«*

Der Dialog könnte mir heute ähnlich passieren:
- Sagt die Ex-Migrantin: »Wir sind alle Deutsche.«
- Sagt der Rechtsradikale: »Aber wir sind das Volk.«
... und die Politik glaubt's.

WIR HABEN UNS INTEGRIERT. JETZT SEID IHR DRAN!

Missverständnis Nr. 3

Integration hat offenbar kein Ziel:
Wir werden nie *richtige* Deutsche.
Wozu dann das Theater?

In Deutschland gilt, dass sich Migranten gut integrieren sollen: Sie sollen hart arbeiten, die Sprache lernen, immer schön brav sein und dann ... ja, was eigentlich? Wir haben nie richtig darüber geredet, was Integration am Ende bringt. Weil es offenbar kein Ende gibt. Integration ist kein Prozess, den man abschließen kann. Sie wird vielmehr als ewige Bringschuld gesehen, die sogar vererbt wird. Bestes Beispiel: die Geschichte um den Rücktritt von Profifußballer Mesut Özil aus der deutschen Nationalmannschaft.

Özil, deutscher Weltmeister, superreich, megaerfolgreich und gleichzeitig Kind von Gastarbeitern aus Gelsenkirchen, der den *German Dream* verkörpert. Er stand für die Geschichte, die alle hören wollten: der arme, kleine Anatole, dem Deutschland zu Weltruhm verholfen hat. Der Vorzeigetürke der deutschen Nation. Das gute Migrantenkind.

Doch dann hat Özil einen Fehler gemacht. Er und sein Kollege Ilkay Gündoğan, ebenfalls im deutschen Nationalteam, haben sich kurz vor der Weltmeisterschaft 2018 mit dem türkischen Präsidenten Recep Tayyip Erdoğan in London getroffen und für Fotos posiert. Erdoğan steckte gerade mitten im Wahlkampf. Die Bilder vom Treffen kursierten im Netz. Ein Foto zeigt Ilkay Gündoğan, wie er dem Staatsoberhaupt ein signiertes Trikot überreicht, auf dem

»Für meinen Präsidenten, hochachtungsvoll« steht. Es hagelte Kritik an den beiden. Soweit alles richtig: Einen Möchtegernalleinherrscher im Wahlkampf zu unterstützen, der auf demokratische Werte spuckt, geht gar nicht.

Özil - doch nicht integriert

Nur hörte die Kritik nicht mehr auf. Kurz nach dem Erdoğan-Gate begann die Weltmeisterschaft in Russland und Fußball war das große Thema. Je schlechter die deutsche Mannschaft spielte, desto mehr wuchs der Hass auf Özil. Wie konnte er auch das Karma der Deutschen besudeln? Vielleicht hätten sich die Leute wieder beruhigt, wenn Özil sich brav entschuldigt hätte, so wie Gündoğan, der sich kurz nach dem Vorfall erklärte und schwörte, dass er Deutschland gegenüber eigentlich loyal ist. Özil aber sagte dazu nichts, was viele nur noch mehr provozierte: *Hat der doch nichts gelernt von uns demokratischen Deutschen?* Als die Nationalmannschaft aus der WM rausflog – viel zu früh für den eigenen Anspruch – wurde Özil zum Prügelknaben der Nation. Wochenlang. Özil war schuld. Und alles kam wieder hoch: dass er die Nationalhymne nie mitsingt, dass er Moslem ist und betet, dass *der Türke* eigentlich nichts in der deutschen Nationalmannschaft zu suchen hat. Özil war auf einmal der lebende Beweis für die gescheiterte Integration der *Deutschtürken*.

Das Skurrile daran: 2010 erhielt Mesut Özil noch den ersten »Integrations-Bambi« verliehen, wohlgemerkt, einen Preis für seine eigene Integration, nicht weil er sich für andere engagiert. Insgeheim, das zeigen solche Preise, wissen wir nämlich, wie unwahrscheinlich es in Deutschland ist, dass *so einer* es schafft. Bei der Bambi-Verleihung hieß es: »Sein unverkrampfter Umgang mit *türkischen Wurzeln* und deutschem Trikot ist vorbildlich für uns alle.« Leider haben *wir* uns ein paar Jahre später dann doch kein Vorbild genommen an der Unverkrampftheit.

Dabei können wir sehr wohl lockerer mit solchen Situationen umgehen. Zum Vergleich: Fußball-Legende Lothar Matthäus hatte sich während der gleichen WM beim Russen Vladimir Putin eingeschleimt, einem ebenfalls nicht satisfaktionsfähigen Möchtegernalleinherrscher. Er war einer Einladung in den Kreml gefolgt und hat Putin sogar stolz erklärt, er sei »halber Russe«, wegen seiner sibirischen Frau. Auch hier gab es Fotos mit Trikot und warmem Händedruck. Auch hier gab es Kritik. Aber dann war es auch wieder gut. Niemand fragte, ob Lothar noch loyal gegenüber Deutschland sei. Ein paar Monate später wurde Matthäus sogar als einer der elf wichtigsten Nationalspieler Deutschlands gefeiert und in der neuen »Hall of Fame« im Deutschen Fußballmuseum des DFB verewigt.

Der Ausnahmespieler Mesut Özil wurde dagegen moralisch ausgebürgert. Er hatte bewiesen, dass er doch kein Deutscher ist, sondern Türke.

Warum lief das so anders? Weil Özil nie ein *richtiger* Deutscher war. Er war nur Deutsch auf Bewährung und hat gegen die Auflagen verstoßen. Hätte Lothar Matthäus »russische Wurzeln«, ihm hätte vielleicht das gleiche Urteil geblüht: *Nicht gut genug integriert, offenbar doch Russe*, keine *Hall of Fame for you*. Aber als richtiger Deutscher hat er nur einen Fehler gemacht. Schwamm drüber.

Dem Prügelknaben Özil riss irgendwann die Geduld: Er veröffentlichte eine Erklärung auf Englisch, rechnete mit Medien und dem Deutschen Fußball-Bund ab und sprach auch von Rassismus. »Wenn wir gewinnen, bin ich Deutscher – wenn wir verlieren, bin ich Migrant«, schrieb Özil, darauf habe er keinen Bock mehr. Dann spielt doch alleine weiter. *Historisch*, dachte ich. *Wie undankbar*, dachten bestimmt andere.

Was vom Özil-Debakel bleibt: Du nix deutsch

Meine *original*-deutschen Freunde haben die Debatte völlig anders empfunden als ich. Die meisten fanden, die Kritik an Özil sei völlig berechtigt, fertig. Das mit dem berechtigt stimmt ja auch. »Rassismus« zu rufen, nachdem man sich mit einem Autokraten ablichten lässt, der alles andere als minderheitenfreundlich ist, hat mehr als Geschmäckle. Trotzdem ist die Causa Özil nicht abgeschlossen. Die Art, wie die Debatte ablief, war ein gesellschaftlicher Supergau. Die Geschichte fängt erst an.

Manche meinten in ihren Kommentaren, Özil sei »das Deutschsein abgesprochen« worden. Das würde aber heißen, dass er vorher ein Deutscher war. Für die meisten im Land war er das aber nicht. Er war »ihr« türkisches Integrationswunder. Preisgekrönt. Deswegen die große Enttäuschung.

1. Die wichtigste Lektion, die damals nicht nur Özil, sondern wir alle gelernt haben: **Deutsch wird man nicht. Man ist es.** Du kannst vielleicht ein *gut integrierter* Deutscher *mit türkischen Wurzeln* werden. Aber meistens läuft es eher so: Wer neu in den Club der Teutonen kommt, bekommt ein »Deutsch« vor seine eigentliche Identität geknallt, wie Deutsch-Türkin, Deutsch-Asiate, Deutsch-Marokkaner und so weiter. (Bei *echten* Deutschen aus dem Ausland läuft es anders rum: Russlanddeutsche, Schlesiendeutsche, Wolgadeutsche...)

2. Die zweitwichtigste Regel: **Gesetzestreue reicht nicht, du musst moralisch lupenrein sein.** Migranten und migrantisierte Deutsche dürfen nichts tun und denken, was als fragwürdig eingestuft wird. Ich dachte immer, moralische Ansprüche gelten für alle Menschen im Land – aber für unsereins gelten sie

offenbar noch mehr. Wenn Standarddeutsche die AfD wählen, sind sie besorgte Bürger*innen – wenn Özil sich neben Erdogan stellt, ist er schlecht integriert. Sobald wir einen Fehler machen, kommen unsere ausländischen *Wurzeln* ins Spiel. Wir stecken im ewigen Bringschuld-Status. Wir genießen nur »Gastrecht«.

Was vom Özil-Debakel bleibt: Die Integrations-Möhre, mit der jahrzehntelang vor unserer Nase gewedelt wurde, ist weg. Egal wie gut du Deutsch sprichst, Goethe aufsagst oder die Nationalhymne grölst, wenn du nicht *deutsch* aussiehst und den richtigen Namen hast, wirst du neugierig gefragt, wo du herkommst. Oder bekommst einen Preis für deine Integrationsbemühungen.

#MeTwo: Die Bewährungsdeutschen werden aufmüpfig

Nach Özils Rücktrittserklärung suchten viele im sozialen Netzwerk Twitter nach einem neuen Hashtag, ein Schlagwort, das die vielen Reaktionen zusammenführt. Ich war so sauer, dass ich #integrierteuchselbst und #kanake4ever vorschlug. Ein paar Tage später hat sich ein anderes, weniger provokantes Schlagwort durchgesetzt: #MeTwo. Unzählige Migranten und Neue Deutsche schrieben unter diesem Hashtag in wenigen Zeilen über ihre Erlebnisse und ließen ihrem

Frust freien Lauf. (Bitte nicht verwechseln mit dem Hashtag #MeToo mit zwei »o«, mit dem Frauen auf der ganzen Welt Stunk machen gegen Sexismus und Patriarchat.)

Im neuen Hashtag gehe es um die *zwei* Identitäten und *zwei* Zugehörigkeiten, erklärte der Aktivist Ali Can, der ihn in den Raum geworfen hatte. Deswegen das englische Wort »two«. Tausende Muslime, Juden, Schwarze Menschen und andere nutzten #MeTwo als Ventil für ihren Ärger über Rassismus. Das führte kurz zu einer Debatte in den Medien, die vor allem zwei Erkenntnisse brachte:

Nummer eins: Noch immer erleben viele Ausländer*innen und Bewährungs-Deutsche handfeste Nachteile oder bescheuerte Dialoge in Schule, Beruf und Alltag – nur wegen ihres Namens, ihres Aussehens, wegen ihrer »Wurzeln« und »Stämme«.

Nummer zwei: Noch immer können manche Original-Volksangehörige nicht damit umgehen, wenn die Probehalber-Deutschen aufmüpfig werden. Zumindest empfanden einige Leute die #MeTwo-Debatte als eine ungerechte Rassismus-Schelte und wiesen die undankbaren Migranten darauf hin, dass sie ja nach Hause gehen könnten, wenn hier alles so schlimm sei.

Die Abwehrreflexe, über Rassismus und Diskriminierung zu reden, kommen nicht nur von *weißen* Deutschen. Logisch: Wir Mihigrus sind ja auch kein homogener Haufen. Es finden sich immer auch ein paar, die das Problem bei »den Migranten« sehen und die als Gegenstimme in den Medien zitiert werden. Muslimisch markierte Leute, die finden, die Muslime müssten sich mehr anpassen, oder Migranten, die fordern, die Migranten müssten erst mal mit dem Rassismus in den eigenen Reihen aufräumen. Das kommt gut an.

Manche hatten sogar große Sorge, dass den *weißen* Mitbürger*innen durch die #MeTwo-Anekdoten zu viel zugemutet wird. Also gab es parallel den Hashtag #GermanDream, nach dem Motto: Nicht alle Deutschen sind Rassisten. Ich finde, das versteht sich von selbst. Und solange unter #GermanDream nicht alle Menschen ihre Geschichten teilen, sondern nur Mihigrus, bleibt es ein Dankbarkeits-Hashtag. Einer, der das Problem von der anderen Seite beleuchtet. Denn bei #GermanDream wurde von der lieben Nachbar-Oma erzählt, die einen bei den Hausaufgaben unterstützte und von der tollen Lehrerin, die einem aufs Gymnasium verhalf. Natürlich gibt es die, sogar wahnsinnig viele davon. Nur ändert das nichts am strukturellen Problem: dass in Deutschland *Mihigrus* behandelt werden wie *Mihigrus* und deswegen auf nette *weiße* Mitmenschen hoffen müssen.

Ein türkischer Name ist ein Handicap

Von wegen, in Deutschland haben alle Menschen die gleichen Chancen. Das ist ein hartnäckiger Mythos, der dazu führt, dass wir in Deutschland ziemlich träge sind im Umgang mit Diskriminierung. Das zeigen nicht nur die #MeTwo-Geschichten, sondern auch Studien. Die Realität im Einwanderungsland Deutschland sieht nämlich leider so aus:

Hier geborene Kinder mit »ausländischen« Namen sind prädestiniert für die Hauptschule. Aber egal auf welcher Schule sie landen: Murat und Selina bekommen (ebenso wie Mandy und Kevin) bei gleicher Leistung schlechtere Noten als Lukas und Charlotte – weil die Lehrer*innen auch nur Menschen sind und denken, Lukas und Charlotte sind Kinder von Bildungsbürger*innen und deswegen schlauer. Falls Murat und Selina Abitur machen und studieren, haben sie sich gegen einige Widrigkeiten durchgesetzt. Und die Chance, danach zu einem Bewerbungsgespräch eingeladen zu werden, ist laut OECD für die beiden deutlich schlechter als für Charlotte und Lukas. Falls sie trotzdem eingeladen werden, müssen sie sich beim Vorstellungsgespräch dumme Fragen über *ihre Herkunft* anhören. Wer dann noch weiter kommt, stößt irgendwann an eine gläserne Decke. Die Zahl von Deutschen *of Color* in Chefetagen und Entscheidungsgremien ist peinlich niedrig.

Es gibt Länder, in denen das anders ist. Daraus kann man nun schließen, dass Deutschland bei seinen Migranten ganz besonders ins Klo gegriffen hat – und das tun erstaunlich viele. Oder man könnte daraus schließen, dass es ein Problem im System gibt, dass bei uns Namen und Herkunft zum Handicap werden können – was die richtige Antwort wäre. Aber vielleicht können wir uns erst mal darauf einigen, dass alle Mihigrus mit Ausbildung oder Abitur einen Integrations-Bambi bekommen sollten. Bravo, dass ihr es *trotzdem* geschafft habt! Ihr seid Bombe!

Und dann müssen wir reden: Einmal Migrant*in, immer Migrant*in – wie viele Generationen soll das noch so weitergehen? Wir wollen, dass unsere Kinder die gleichen Chancen haben wie standarddeutsche Kinder. Aber sie haben einen statistischen Migrationsbuckel und der könnte irgendwann zum Problem werden. Verrückt, oder?

Schon vor dem Özil-Debakel brodelte es in der zweiten und dritten Generation, weil der Migrantisierungswahn mit den Rechtsradikalen in den Parlamenten zugenommen hat. Die Sache mit der geplatzten Integrationsmöhre kam da noch obendrauf. Seither fragen sich viele (auch ich): Wofür mache ich diesen Integrations-Zirkus eigentlich noch mit? Was soll das bringen? Ist es nicht an der Zeit, Schluss zu machen mit den braven Kuschel-Migranten, die freundlich beantworten, wo sie *wirklich* herkommen?

Sind Deutschlands Migranten einfach zu brav?

Apropos: Ist Ihnen auch schon aufgefallen, wie brav und zurückhaltend Deutschlands Migranten sind? Ja wirklich. Noch nie sind Minderheiten *of Color* auf die Barrikaden gegangen. Das ist in den USA, England oder Frankreich anders, wo alle paar Jahre Vorstädte brennen, weil den Leuten Unrecht geschieht. Vielleicht denken Sie jetzt: In Deutschland gibt es eben kein großes Unrecht. Mit Sicherheit kann man die Situation in den Ländern nicht miteinander vergleichen, aber dass kein Unrecht geschieht, stimmt leider nicht. 2011 zum Beispiel flog die rechtsterroristische Mordserie des NSU auf und hat gezeigt, wie unfassbar rassistisch die Arbeitsweise unserer Polizei ist. Sie hat jahrelang Opferfamilien schikaniert, weil sie dachte: *Mörder? Das können unmöglich Deutsche sein, die kommen bestimmt aus dem Clan der Toten.* Dann schredderte unser Verfassungsschutz wichtige Akten und 2018, als die Urteile im NSU-Prozess gesprochen wurden, bekam ein Neonazi, der der Mördertruppe geholfen hat, weniger Strafe als ein Typ, der beim G20-Gipfel einen Polizisten mit zwei Flaschen bewarf.

Doch. Es gäbe schon manchen Anlass zum Ausrasten. Aber wir, die Migranten und Neuen Deutschen, spielen bislang brav mit im Integrationstheater. Wir zeigen bei politischen Veranstaltungen, wie parkettsicher wir sind und wie gut wir schon Deutsch können: *Schaut her, wir sind so eloquent.* Und machen höflich Vorschläge, wie »Teilhabe« besser gelingt, weil wir das Wort lieber mögen als Integration. Und wenn etwas wie der NSU-Skandal passiert, zeigen wir uns schockiert, demonstrieren ein bisschen und nichts weiter. Wir werden nie unbequem. Vielleicht ist das das Problem.

Diese Gedanken sind nicht neu: Schon 1998 haben sich Leute gegen die Fügsamkeit der *Migrantisierten* ausgesprochen. Die Aktivistengruppe »Kanak Attak«, die eigentlich Stoff für Schulbücher ist, war so etwas wie unsere winzige 68er-Bewegung. In ihrem Manifest rief sie zum Ende der »Kuschel-Ausländer«-Ära auf. Die jungen Künstler*innen und Wissenschaftler*innen verweigerten die Rolle der braven Vorzeigemigranten. Ihre Botschaft: Schluss mit der »Kanakisierung« von Menschen, Schluss mit dem sinnfreien Integrations-Gelaber und Schluss mit der »Dialogkultur«, weil sie sowieso nicht auf Augenhöhe stattfindet. Sie waren ihrer Zeit weit voraus und haben wichtige Debatten angestoßen. Doch leider hat sich die Gruppe nach ein paar Jahren aufgelöst. Wie die 68er haben auch ihre zentralen Figuren irgendwann den Marsch durch die Institutionen begonnen. Manche von ihnen sind heute Professor*innen, arbeiten in Stiftungen oder haben eine PR-Firma. Ihre

Botschaften aber sind nach 20 Jahren so aktuell wie eh und je.

Das Thema Integration ist eine Frage der Macht. Es zeigt, wer gesellschaftlich am längeren Hebel sitzt – spätestens seit der Özil-Debatte haben das auch diejenigen zu spüren bekommen, die sich sonst nicht kritisch damit befassen. Unzählige Medien veröffentlichten wütende Kommentare von Journalist*innen »mit Migrationshintergrund«, darunter auch Leute, die bislang viel Verständnis zeigten für Wo-kommst-du-her-Fragen. Nun platzte auch ihnen der Kragen.

Ab jetzt wissen alle: Das Leben in Deutschland bleibt für uns *Mihigrus* eine ständige Bewerbung aufs Deutschsein – ohne Aussicht auf Erfolg. Das muss sich ändern. Sonst hat unsere Gesellschaft auf Dauer ein ernstes Problem.

Wie wäre es damit: Ab jetzt fragen wir zurück. Wo kommst du her, ich meine *wirklich*, und warum bist du dir da so sicher? Und um zu beweisen, wie gut wir uns integriert haben, sollten wir auch mehr Dankbarkeit fordern: Migranten haben dieses Land mit aufgebaut, also zeigt euch bitte erkenntlich. Und es ist höchste Zeit, dass wir endlich über die Bringschuld der Aufnahmegesellschaft diskutieren: Jetzt seid ihr dran mit Integrieren. Wer es nicht schon ist, sollte endlich ankommen im Einwanderungsland. Wir warten!

MIGRATION IST STINKNORMAL UND KEIN GRUND ZUM AUSRASTEN

Missverständnis Nr. 4

Migration ist kein Ausnahmezustand, sondern Alltag in Deutschland. Trotzdem schieben wir ständig Panik und glauben an das Märchen von der »Einwanderung in die Sozialsysteme«.

Vor kurzem wurden in meiner bayerischen Heimat Überreste von Frauen gefunden, die sich vor etwa 1500 Jahren dort niederließen. Aufgrund ihrer Schädelform nehmen die Forscher*innen an, dass sie aus dem Schwarzmeerraum kamen. Der Stamm der Bajuwaren – eine pontisch-orientalische Mischpoke? Ich gebe zu, die Vorstellung gefällt mir. Ich musste sehr schmunzeln, als die bayerische AfD 2018 im Landtag beklagte, die Regierung würde die gute alte Heimat in eine »multi-ethnische Besiedlungszone« »umwandeln«. Süß, die völkisch-verbrämten Abgeordneten. Als ob es da noch was zum Umwandeln gäbe.

Nicht nur die Bayern – genetisch gesehen haben wir alle einen Migrationshintergrund, glaubt man den Archäolog*innen. Vor geraumer Zeit kam der Mensch aus Afrika. Und bis heute gilt: Migration gab es immer. Wir sind der *homo migrans*. Es gibt wirklich keinen Grund, jedes Mal panisch zu werden, wenn die Statistik hochgeht. Wie wäre es mal zur Abwechslung damit: Wir könnten aus unserer Migrationsgeschichte ein paar Schlüsse ziehen und konstruktiv mit dem Thema umgehen. Klingt verrückt, ich weiß. Hier ein paar Erkenntnisse:

Migration ist kein Problem, wir machen eins daraus

Die Region mitten in Europa war schon immer ein Mekka für Mobile. Auch als es noch gar kein Deutschland gab, wurde hier massenweise ein- und ausgewandert. Das geschah nicht immer freiwillig und war nicht immer schön. In den zwei Weltkriegen im 20. Jahrhundert etwa wurden die meisten europäischen Gesellschaften auf den Kopf gestellt, ganz besonders die Deutschen, Urheber beider Kriege. Das heißt: Viele völkische Fahnenschwenker haben vermutlich selbst eine internationale Familiengeschichte.

Auch Menschen, die zum Arbeiten kommen, gibt es nicht erst seit den »Gastarbeitern« in der Bundesrepublik oder den »ausländischen Werktätigen« in der DDR. Arbeitsmigranten, wie wir sie heute kennen, gab es schon im Deutschen Kaiserreich. Und das Thema Fluchtmigration begleitet uns auch schon eine ganze Weile.

Mit anderen Worten: Nichts von dem, was wir gerade erleben, ist neu.

Trotzdem haben wir uns in der jüngsten »Asyldebatte« seit 2015 eingeredet, dass wir einen Ausnahmezustand erleben. Einen Migrations-Notfall, den es zu beheben gilt. Die wanderungsfeindlichen Hysteriker*innen fürchten, dass Horden von integrationsunwilligen »Problemasylanten« einfallen, die – diesmal aber wirklich! – unseren Sozialstaat unterwandern. Manche sehen, mal wieder, das Abendland untergehen, weil so viele Muslime kommen. Und auch wer nicht gleich hysterisch hyperventiliert, musste anfangen, sich zu sorgen. Alarm, Alarm, Alarm. Jedes Mal das Gleiche. Alle paar Jahre bricht in Deutschland die große Migrationsphobie aus, wie eine chronische Krankheit.

Dabei ist das eigentliche Problem die hysterische Debatte, die wir führen: emotional überladen, intellektuell beschränkt. Sie führt dazu, dass die Ängstlichen mehr Angst bekommen, Rassisten in ihren Vorurteilen bestärkt werden und der Rest einfach nur genervt ist. So wie ich. Ein Stück mehr Gelassenheit wäre schön. Gibt es noch andere Themen in der Politik, bei denen wir uns so sehr von Gefühlen leiten lassen? Warum sehen wir die Tatsache, dass Menschen nach Deutschland kommen, nicht mal positiv? Warum reden wir nicht darüber, wie wir das gut organisieren, statt uns zu fragen, wie wir sie schnell wieder loswerden?

Nicht nur Panikattacken, auch unser einseitiger Blick auf das Thema Migration verhindert, dass wir entspannt an die Sache rangehen. Bei uns klingt das so, als wollte 1. *alle Welt* und 2. *für imme*r nach Deutschland kommen. So ist das aber nicht. Von den knapp 260 Millionen Migranten, die es auf der ganzen Welt gibt, kommt gerade einmal ein winziger Bruchteil zu uns. Und wer herkommt, will nicht unbedingt für immer bleiben. Die meisten Leute gehen nach einer Weile wieder – ganz freiwillig. 2017 wanderten rund 1,5 Millionen Menschen ein und 1,1 Millionen wieder aus und so ähnlich läuft es immer. Das kriegt nur niemand mit. Die Wissenschaft nennt das »zirkuläre Migration«.

Zur einseitigen Betrachtung gehört auch, dass wir meistens vergessen, dass Deutschland lange Zeit ein Auswanderungsland war. Es ist erst ein paar Generationen her, da suchten viele Deutsche woanders ein besseres Leben. Es wimmelte nur so von alemannischen Wirtschaftsflüchtlingen in der ganzen Welt. Mein Lieblingslebensmittel, Heinz Tomatenketchup, erzählt so eine deutsche Flucht-Geschichte. Henry John Heinz war ein Kind von deutschen »Asyltouristen«, die 1840 aus der Pfalz über den großen Teich machten und sich mit acht Kindern in Pittsburgh (USA) niederließen. Acht Kinder. *Maşallah*[4]. Dort fing Henry in jungen Jahren an, Meerrettich in Gläsern zu verkaufen, und schaffte sich nach und nach ein Soßenimperium. Wirklich beeindruckend.

Auch heute noch suchen viele Einheimische das Weite. Allein in den letzten 20 Jahren sind Millionen Deutsche ausgewandert. Eine Zeitlang waren Auswanderer-Dokus der Renner im deutschen Fernse-

---
4 Wie das jüdische »Maseltov«: Glückwunsch!

hen: Goodbye Deutschland (Vox), Koffer zu und weg (SAT1), Mein neues Leben (Kabel Eins), Der Traum von der neuen Welt (ARTE) und viele mehr. Und erst 2009 war Deutschland noch unterm Strich ein Auswanderungsland – das heißt, es gingen mehr Menschen als kamen. Aber das haben die meisten von uns wieder vergessen.

Wir brauchen mehr Einwanderung, tun aber so, als müssten wir sie abwehren

Es gibt Tatsachen, die amtlich sind, und trotzdem nicht ins kollektive Bewusstsein einsickern. So zum Beispiel unsere Abhängigkeit von Einwanderung. Ohne Zugewanderte wächst uns das demographische Problem über den Kopf. Wir sterben zwar so schnell nicht aus, aber unser Sozialsystem könnte schlappmachen. Damit der Laden läuft und wir Renten auszahlen können, müssen immer mindestens soundsoviele Menschen Sozialbeiträge zahlen. Oder der Staat hebt die Steuern. Oder er hebt die Sozialabgaben und Arbeit wird teurer. Dann wandern die Firmen aus ... – ein Teufelskreis, Sie kennen das bestimmt. Der Generationenvertrag wurde seinerzeit ohne den Pillenknick kalkuliert, doch dank pharmazeutischer Verhütung bekamen die Deutschen auf einmal viel weniger Kinder, die später in den Rententopf einzahlen. Gleichzeitig leben die Älteren unter uns immer länger (was schön ist). Die sozialstaatliche Zwickmühle, in der wir stecken, kann durch Einwanderung abgefedert werden. Eigentlich kein Problem. Eigentlich. Aber.

Einwanderung hat bei uns einen denkbar schlechten Ruf. Alle paar Jahre finden wir einen neuen Grund, warum Deutschland durch Migranten untergeht. Um die Jahreswende 2013 und 2014 diskutierten wir – ganz ohne die AfD in den Parlamenten – die große Bedrohung durch »Armutsmigration« aus Rumänien und Bulgarien. Warum? Die beiden neuen EU-Länder erhielten ab Januar 2014 die volle Freizügigkeit. Der eigentliche Grund: Die CSU befand sich mal wieder im Wahlkampf und behauptete, die Osteuropäer würden unseren Sozialstaat unterwandern. Horst Seehofer, damals CSU-Vorsitzender, wollte da nicht tatenlos zuschauen und schickte eine einfache Losung zur Völkerverständigung voraus: »Wer betrügt, der fliegt.« Nach einer ausführlichen, in allen Facetten hysterischen Debatte schaffte es »Zuwanderung« im Januar 2014 zum ersten Mal auf Platz eins im ZDF-Politbarometer, als das drängendste politische Thema der Stunde.

Jedes Mal, wenn ein neues EU-Land in den Club der Freizügigkeit aufgenommen wurde, gab es die gleiche Leier. Polen, Ungarn, Rumänien, Bulgarien – alles angeblich »Einwanderung in die Sozialsysteme«.

Wieder: Alarm, Alarm, Alarm. Nur: Die meisten Menschen, die seither aus Osteuropa nach Deutschland gekommen sind, arbeiten und zahlen Steuern. Unser Sozialstaat hat gehörig davon profitiert. Die Meldung »Doch keine Apokalypse durch Armutsmigration« ging allerdings ziemlich unter.

Einwanderung aus EU-Staaten allein reicht übrigens nicht. Um das System Bundesrepublik am Laufen zu halten, brauchen wir mehr Einwanderung. Das Statistische Bundesamt erklärt seit Jahren, dass wir nicht verhindern können, dass unsere Bevölkerung altert und schrumpft. Selbst wenn unterm Strich weiterhin so viele Menschen kämen wie 2015 – was laut Expert*innen nicht zu erwarten ist –, hätte das »nur sehr eingeschränkte Auswirkungen auf die langfristige Bevölkerungsentwicklung«, erklärte das Bundesamt 2016. Migration ist Teil der Lösung, nicht des Problems. Doch seit dem Rechtsruck traut sich fast niemand mehr in der Politik, das zu sagen. Also meiden die meisten Volksvertreter*innen das Thema Demographie.

Unsere Politik kann sich bis heute nicht zu einem sachlichen Umgang mit Migration durchringen. Natürlich gibt es einzelne Politiker*innen innerhalb der Parteien, die fortschrittliche Ideen haben. Aber sie konnten sich nie durchsetzen. Eine Gesetzeslage, die es Menschen ermöglicht, ohne riesige Hürden nach Deutschland zu kommen, gibt es nicht. Höchstens übers Familienrecht, indem man jemanden aus Deutschland heiratet.

2018 sollte alles anders werden. Nach Jahren der Diskussion sollte endlich eine große Reform kommen. Doch das neue Einwanderungsgesetz, das das Bundeskabinett 2018 verabschiedet hat und 2019 dem Bundestag und Bundesrat zur Zustimmung vorlegt, ist – pardon – ein Griff ins Klo. Eigentlich sollte es Einwanderung aus Drittstaaten (also außerhalb der EU) unkomplizierter machen. Das hatte sich vor allem die deutsche Wirtschaft gewünscht, die es mit 1,2 Millionen offenen Stellen zu tun hat – am Bau, in Krankenhäusern, in Büros. Deutschland konkurriert mit anderen Ländern um gut ausgebildete Leute. Wir sind nicht die Einzigen, die fitte Leute brauchen. Aber 2018 war leider ein denkbar schlechter Zeitpunkt, um neue Wege in Sachen Einwanderungspolitik zu gehen. Da wollten sich viele Politiker*innen erst mal um die *Gefühle* der »Migrationsbesorgten« kümmern und durften ihnen keine Realpolitik zumuten. Die Angst, es könnten mehr Asylsuchende kommen, wenn man junge Geflüchtete mit einer Ausbildung »belohnt«, hielt die Unionsparteien davon ab, vernünftige Politik zu machen. Also stimmten CDU und CSU beim Einwanderungsgesetz gegen alles, was ich als Fortschritt bezeichnen würde. Allerdings war der SPD-Entwurf vorher auch kein großer Wurf. Dass man ein paar

Formulare weniger ausfüllen muss, lockt noch keine weltweit gesuchten Experten an.

Was nach den zähen Verhandlungen rauskam, heißt nun »Fachkräfteeinwanderungsgesetz« und liest sich so schizophren, wie jede Reform davor: Sie sollen kommen, aber eigentlich lieber nicht. Falls das neue Gesetz in Kraft tritt, wird es vermutlich einmal mehr beweisen, wie effektive Migrationsabwehr geht: mit deutscher Bürokratie.

Migration lässt sich nicht gut steuern. Wir tun nur gern so als ob

Das Gerede von »unkontrollierter Zuwanderung« ist populistisches Blabla. Es gaukelt vor, dass wir Einwanderung kontrollieren könnten, wenn wir nur wollten. Aber wie soll das bitte gehen, mit nationalen Gesetzen? Bundestag und Bundesrat haben wenig zu melden, ob Menschen irgendwo auf der Welt beschließen, sich aufzumachen. »Kontrolle« ist bei Themen, die mit internationalen Konflikten, Krisen und Umweltkatastrophen zu tun haben, so eine Sache.

Auch die Forderung nach »Grenzen dicht machen« ist Quatsch. Sie sind schon dicht, so gut es geht. Noch »dichter« würde heißen, man ist bereit, Flüchtende auf dem Weg nach Europa nicht nur ertrinken oder verdursten zu lassen, sondern ihr Ableben an den

Grenzen zu forcieren. Das klingt heftig, ist aber für manche Rechtsradikale offenbar eine Option. Jedenfalls schrieb Beatrix von Storch, inzwischen stellvertretende Fraktionsvorsitzende der AfD, im Jahr 2016 auf Facebook: »Und wenn Sie das HALT an der Grenze nicht akzeptieren, können die Vollzugsbeamten im Grenzdienst Schusswaffen auch gegen Personen einsetzen. (§ 11 UZwG)«. Die Empörung war so groß, dass sie später erklärte, der Text sei durch einen »technischen Fehler« entstanden. Erst fordern, dass Migranten an der deutschen Grenze erschossen werden, dann behaupten, die Tastatur sei schuld. Beides zeugt von Chuzpe. Die immer wieder peinlich auffallende Populistin lieferte die Steilvorlage für den Hashtag *#mausgerutscht*, der seitdem für ein Stilmittel der Ultrarechten steht: ein Tabu brechen, eine Weile wirken lassen und bei Bedarf relativieren. Mausgerutscht eben.

Natürlich kann man versuchen, Menschen auf der Flucht daran zu hindern, nach Europa zu kommen. Und das tun wir, um jeden Preis – also auch um den des Todes unterwegs, im Mittelmeer und anderswo, und indem die EU mit korrupten Herrschern in Grenzländern paktiert. Das ist ein Skandal, an den wir uns gewöhnt haben und der uns in den politischen Debatten weniger beschäftigt, als jede nicht vollzogene Abschiebung von Straftätern.

Man kann es Menschen auch besonders schwer

machen, innerhalb von Europa nach Deutschland zu kommen. Aber was bringt das? Die Geschichte lehrt uns: Migrationsverbote, Grenzkontrollen und andere Schikanen führen nicht automatisch zu weniger Einwanderung, sondern oft zu unbeabsichtigten Nebenwirkungen: die Migration wird umgeleitet. Wer Landwege schließt, eröffnet Seewege und einen Markt für Schlepper. Wer Arbeitsmigration unterbindet, verweist Migranten auf Asylanträge oder Heiratsmigration. Mancher Einreisestopp hat paradoxerweise zu mehr dauerhafter Einwanderung geführt. Der Anwerbestopp 1973 für Gastarbeiter*innen zum Beispiel sorgte dafür, dass viele ihre Familien nach Deutschland nachholten. Für Menschen aus der Türkei gilt seither: Einmal raus, gibt es kein Zurück mehr. Wenn sie Deutschland länger als sechs Monate verlassen, verlieren sie ihre Aufenthaltsgenehmigung. Auch wenn sie schon über 50 Jahre hier leben. Bei Menschen aus Italien, Griechenland, Polen und so weiter ist das anders: Ihre Länder sind inzwischen EU-Mitglieder, sie können problemlos aus- und einreisen.

Die meisten Leute, die in den letzten 50 Jahren aus der Türkei gekommen sind, sind über den »Ehegattennachzug« eingewandert. Falls Sie jetzt denken, dieses Schlupfloch müssen wir schnell schließen: Das hat man ausführlich geprüft. Das Recht auf Familienzusammenführung ist vom Grundgesetz geschützt. Außerdem müsste die logische Schlussfolgerung lauten:

Lasst uns ein Abkommen schließen, das Migrationsfreiheit für Türken gewährt. Das wäre vermutlich die effektivere Maßnahme gegen permanenten Aufenthalt.

Wir machen gute Erfahrungen mit offenen Grenzen

Wir haben übrigens längst »unkontrollierte Migration« in Millionenhöhe – durch die Europäische Union. Wir haben unsere Binnengrenzen und Kontrollen abgeschafft, und siehe da: kein Weltuntergang. Freie Migration führt oft zu einem dynamischen Austausch und wirtschaftlichem Wachstum. Menschen kommen und gehen wieder.

2015, als wir dachten, Deutschland steht wegen einer Million Geflüchteten kurz vor dem Kollaps, kamen über eine Million weitere Migranten nach Deutschland, wegen der europäischen Binnenwanderung. Laut Statistik wurden im Schicksalsjahr der Migration rund 890 000 Asylsuchende registriert, aber auch 850 000 Zuwanderer*innen aus der EU. Nur davon haben wir nichts bemerkt. Ohne hysterische Debatte lief die zweite Gruppe völlig unterm Radar der Öffentlichkeit. Falls Sie jetzt denken: »Ja, aber das sind ja auch Europäer, also Leute aus dem gleichen Kulturkreis«, dann würde ich gern an ein paar Jahre zurück erinnern. Das sah man nämlich bis in die 1980er Jahre noch anders. Damals zählten auch die europäischen *Fremdlinge* zu den angsteinflößenden Ausländern. »Kein Zutritt für Italiener« soll in der Gastarbeiter-Ära an manchen Wirtshäusern gestanden haben. Man sagte sich, dass auch die *Jugos* und *Spaghettifresser* den deutschen Frauen nachstellen. Griechen, Spanier, Portugiesen – alles windige Südländer. Vielleicht haben wir in 30 Jahren eine andere Gruppe, von der wir uns zwanghaft abgrenzen, und die Türken bekommen ein Upgrade. Dann werden wir vielleicht sagen: »Mit den Türken und den Arabern gab es nie Probleme, die kommen ja historisch aus demselben Raum wie wir. Der Nikolaus hat in der Türkei gelebt...«

Was ich damit sagen will: Unsere Migrationspolitik ist angstbeladen und kleinkariert. Wir denken nicht einmal ansatzweise darüber nach, wie wir ein offenes, modernes Land gestalten wollen, weil wir ständig damit beschäftigt sind, Betrüger*innen abzuwehren und Grenzen dicht zu halten.

Wir fragen nicht einmal mehr, warum eigentlich nur Fachkräfte kommen sollen, und warum keine Künstler*innen, Philosoph*innen und andere Menschen? Warum wollen wir immer nur fertig ausgebildete Menschen holen, statt zu sagen: Wir bilden selbst aus, wenn die Leute hier sind? Und warum denken wir nicht auch mal über ein weltweites Recht auf Bewegungsfreiheit nach? Wir selbst nutzen es schließlich auch ausgiebig. Der deutsche Pass gilt als einer der wertvollsten der Welt. Mit ihm kommt man ohne Visum in mindestens 176 Länder. Warum bleibt das ein exklusiver Luxus für *Germans only*?

Ich finde, darüber sollten wir diskutieren.

WIR HABEN KEIN MIGRATIONS-PROBLEM, SONDERN EIN DEMOKRATIE-PROBLEM

Missverständnis Nr. 5

Wir vernachlässigen das eigentliche Thema der Stunde: die Bedrohung unserer Demokratie. Rechtsradikale werden nicht weltoffener durch Abschiebungen.

Ausgerechnet die »Alternative für Deutschland« hat verstanden, dass wir eine vielfältige Gesellschaft sind. Sie bietet ihr nationalistisches Parteiprogramm nicht nur in der germanischen Volkssprache an, sondern auch auf Englisch, Französisch, Spanisch, Russisch, Tschechisch und Ungarisch. Eigentlich würde ich sagen: vorbildlich. So international sind nicht einmal die Grünen. Aber die völkische Partei mutet eher an wie ein Wolf im Schafspelz.

Die Fraktionsführung besteht nicht nur aus Alexander Gauland, dem Inbegriff des rückwärtsgewandten *weißen* Mannes, sondern auch aus Alice Weidel, einer homosexuellen »Kosmopolitin«. Die Ko-Chefin lebte bis vor kurzem zum Teil in der Schweiz und ist mit einer Frau verheiratet, die »Wurzeln« aus Sri Lanka haben soll. Ihr Privatleben wäre normalerweise nicht der Rede wert, aber in einer Partei, die gegen gleichgeschlechtliche Familien und Migranten hetzt, ist das schon bemerkenswert. Weidels Weltoffenheit endet offenbar erst, wenn Linke und Muslime ins Spiel kommen.

Das ist aber noch nicht alles: Eine Zeit lang hatte der Landesverband Baden-Württemberg einen Sprecher namens Ralf Özkara. AfD-Sprecher Özkara? Das lässt aufhorchen. Aus der Zeitung erfuhr ich, dass der gebürtige Schwabe den Nachnamen seiner »türkischstämmigen«, »muslimischen« Frau angenommen hat. Sehr fortschrittlich. Dann hat sich 2018 sogar eine Gruppe »Juden in der AfD« gegründet. Selbst eine Gruppe namens »Muslime in der AfD« will die Partei nicht ausschließen.

Das nenne ich professionell an der *multikulti*-Front. Diese Sperenzien heißt das völkische Stammklientel natürlich nicht gut, aber sie helfen dabei, sich als bürgerliche Partei zu inszenieren. Die Vollstrecker des erfundenen Volkswillens wollen offenbar unbedingt als politisch korrekt durchgehen, während sie Tabus brechen. Das Ziel: bloß nicht in die rechte Schmuddelecke gestellt werden, bloß keine Beobachtung durch den Verfassungsschutz. Logisch. Wir Deutschen mögen keine Sexisten, Rassisten und Antisemiten. Das gehört sich nicht. Aber wer Juden eine politische Heimat bietet, kann unmöglich antisemitisch sein. Wer Homosexuelle in der Parteiführung hat, kann problemlos gegen Schwule und Lesben hetzen. Wenn man jetzt noch Muslime in der Partei hätte, die gegen den Islam wettern – das wäre perfekt!

Manchmal berichten Medien überrascht, dass auch *Mihigrus* die AfD wählen. Bei näherer Betrachtung ist das gar nicht verwunderlich. Die AfD wirbt in Wahlkämpfen gezielt in polnisch- und russischsprachigen Milieus. 2018 kam in einer Studie raus, dass sie bei Aussiedler*innen über zwölf Prozent Zustimmung holt, während *Türkeistämmige* eher nichts von der

Partei halten – nur ein Prozent würden sie wählen. Das liegt nicht daran, dass Menschen mit Türkeibezügen immun wären gegen völkischen Populismus – keineswegs, wie die Zustimmungswerte für die türkische Regierungspartei AKP zeigen. Aber wenn man genau hinschaut, haben sich die Rechtsradikalen von der AfD nicht Migranten per se als Feindbild ausgesucht. Gegen gut ausgebildete *weiße* Menschen aus den USA, Liechtenstein und Holland hat niemand etwas. Der Trigger, über den die AfD punktet, ist Einwanderung aus bestimmten Ländern. Aus »kulturfremden« Kreisen. Roma zum Beispiel, Menschen aus Afrika und: Muslime. Unsere Rechtspopulisten sind nämlich große Islamexperten: Sie widmen der Religion und ihrer Gefahr ganze Kapitel in ihren Parteischriften. Schon merkwürdig, dass es 70 Jahre nach dem Untergang des Nationalsozialismus offenbar wieder salonfähig ist, sich als Partei auf eine einzelne Religionsgruppe einzuschießen.

Wir erklären den Rechtsruck falsch

Die AfD, die deutsche Version des Rechtspopulismus, hat seit 2013 eine kometenhafte Karriere hingelegt. Sie sitzt in allen 16 Landesparlamenten und im Bundestag. Noch vor ein paar Jahren erklärten manche Politiker*innen stolz, dass wir Deutschen immun seien gegen Rechtspopulismus. Und dann das. Seither fragen sich alle: Wie kam es zu dem Rechtsruck? Auf der Suche nach einer Antwort gehen viele den Neuen Rechten auf den Leim.

Theorie 1: Eine Menge Leute denken, schuld am Rechtsruck sei die laxe Migrationspolitik und die hohe Zahl an Geflüchteten. Mehr Migranten, das führe eben zu mehr Rechtsradikalen. Die Flüchtlinge sind schuld am Rechtsruck? Das ist etwa so, als wenn man Sexismus in der Gesellschaft mit der Anwesenheit von Frauen erklärt. Oder Antisemitismus mit der von Juden.

Trotzdem zieht die Flüchtlinge-Theorie erstaunlich gut. »Die Migrationsfrage ist die Mutter aller politischen Probleme in diesem Land. Das sage ich seit drei Jahren«, sagte etwa Horst Seehofer 2018, Bundesinnenminister und CSU-Politiker, unmittelbar nach spektakulären Aufmärschen von Neonazis in Chemnitz. Kurze Zeit später hatten viele in Politik und Medien die Hoffnung, die Schwäche der Union könnte sich in Stärke umwandeln durch einen Hardliner vom alten Schlag wie Friedrich Merz, der ordentlich gegen Asylpolitik poltert. Beides zeugt von einem so unterkomplexen Verständnis der Situation, dass es unser Problem eigentlich ganz gut veranschaulicht: Wir leugnen den Imageverlust unserer Demokratie und glauben, ein autoritärer Stil könnte es richten.

Theorie 2: Die dümmste Erklärung für den Rechtsruck, die ich im letzten Jahr gehört habe, lautet: Die Politik hätte das rechtschaffene, arbeitende deutsche Volk vernachlässigt, weil sie sich zu viel um die Interessen von Minderheiten gekümmert hat. Ich dachte erst, das sei ein Scherz, aber das behaupteten verschiedene Bundespolitiker, wie zum Beispiel Sigmar Gabriel (SPD), ziemlich ernsthaft. Als gebe es eine homogene volksdeutsche Befindlichkeitsgruppe, die politisch völlig übersehen wurde: die prekären *Homoallemannen*. Ihnen gegenüber steht demnach eine kosmopolitische »Elite«, die sich nur für Minderheitenrechte einsetzt. Als hätte sich die Politik nur noch um *All-Gender*-Toiletten, das Antidiskriminierungsgesetz, die Gleichstellung der Frau und andere »Sonderwünsche« gekümmert. Die Anhänger*innen dieser Theorie glauben: Wenn ein stellvertretender Ministerpräsident Tarek Al-Wazir heißt oder eine Moderatorin Pinar Atalay, verunsichere das die Leute. Deswegen fühlten sie sich schon fremd im eigenen Land. Also sollten wir mal halblang machen mit der Integrationsförderung. Das ging alles etwas schnell.

Schuld am Rechtsruck sind also die Minderheiten. Wow.

Wo fange ich da an?

Es wurde in diesem Land ganz bestimmt nie zu viel für Minderheiten getan – und auch ganz bestimmt nicht zu schnell. Die Verschwörungstheorie, dass Gaby und Günter inzwischen einen strukturellen Nachteil hätten, weil die Politik sich nur noch um Transpersonen, Migranten und Muslime kümmert, ist völlig absurd. Außerdem bedeutet Politik, die Interessen von verschiedenen Gruppen im Konsens auszuhandeln und nicht, die Interessen von christlich-heterosexuellen, männlichen Wurzeldeutschen über die Interessen von anderen zu stellen.

Trotzdem versuchen manche Retro-Fans in Politik und Medien die Homoallemannen »zurückzugewinnen«, indem sie Minderheiten-Themen meiden und dafür mehr Abschiebungen oder Werteunterricht für muslimische Flüchtlinge fordern. Leider hat mir noch niemand plausibel erklären können, warum das die Probleme der prekären Homoallemannen lösen soll, die es mit Sicherheit gibt. Die Aufnahme von Geflüchteten ist höchstens eine von vielen Sorgen, die die Menschen im Land beschäftigen. Wohnungsnot, Armut, schlechte Arbeitsverhältnisse, Anbindung an öffentliche Verkehrsmittel – da gäbe es einiges, was die Leute konkreter betrifft. Doch lieber verbinden manche Politiker*innen Theorie eins mit Theorie zwei: Einwanderungsabwehr zur Befriedung der angeblich vernachlässigten Homoallemannen. Tolle Strategie gegen den Rechtsruck: Feuer mit Brandbeschleuniger bekämpfen. Jedes Mal, wenn die Politiker*innen anderer Parteien auch mal Volksverführer spielen und sagen, was »die Leute« angeblich hören wollen, gewinnt die AfD an Zustimmung.

Für unsere Rechtspopulisten vom Dienst ist es das größte Geschenk, das man ihnen machen kann. Denn sie sehen sich schon die ganze Zeit als Vertreter*innen der *kleinen Leute*, die zu kurz kommen (heute sagt man ja nicht mehr »kleiner Mann«). Ihr Mantra: Die Leute wählen uns, weil die etablierten Parteien die Migrationspolitik verbockt haben und Angela Merkel die »Grenzen für Flüchtlinge geöffnet hat«. Das nervt nicht nur, weil es glatt gelogen ist, es ist auch eine große Herausforderung. Man muss die Lügen und Mythen ständig entlarven.

Dabei stellt sich jedes Mal die Frage, ob es sich lohnt, über die Stöckchen der Provokateure zu springen. Schließlich tut die AfD nur, was Rechtspopulisten überall auf der Welt halt so tun: provozieren, spalten, Probleme herbeiphantasieren, um dann auf »die da oben« zu zeigen, obwohl sie selbst komplett zum Establishment gehören. Gauland und Co. halten sich brav an das kleine ABC der Volksverführung: Sie, also *das homoallemannische Volk*, sind immer die Guten und immer die Opfer – **alle** anderen sind böse, korrupt und gefährlich. Populisten arbeiten am liebsten mit der einen Verschwörungstheorie: Sie allein wollen »dem Volk« helfen. Daher der Begriff Populismus.

Das unterscheidet die AfD von den anderen Parteien – nicht ihre inhaltlichen Punkte.

Woran wir unser Demokratieproblem erkennen

Die Bundestagswahl 2017 war eine Zäsur. Das braune Gedankengut ist wieder im Reichstagsgebäude angekommen, als stärkste Oppositionskraft. Seither spüren sichtbare Minderheiten stärkere Ablehnung und erfahren öfter rassistische Übergriffe im Alltag. Muslime und Menschen, die für welche gehalten werden, stehen besonders unter Beschuss. Aber auch nichtmuslimische Migranten und Neue Deutsche nehmen wahr, dass die Debatten neu aufgerollt werden: Wollen *wir* überhaupt ein Einwanderungsland sein? Haben *wir* nicht langsam zu viele Migranten? Das ganze Überfremdungsblabla, in all seinen Facetten, bricht wieder über uns herein. Dass die AfD in den Bundestag eingezogen ist, deuten manche als Berechtigung für ihren Rassismus.

Nicht nur AfD-Wähler*innen denken: Wenn eine Partei demokratisch gewählt ist, sind auch ihre Inhalte legitimiert. Das ist Quatsch. Hier wird der Demokratiebegriff verbogen und auf fatale Weise verkürzt. Denn demokratisch heißt keineswegs nur »vom Volk gewählt«. Im heiligen Buch der Bundesrepublik, unserem Grundgesetz, steht, dass bei uns die »freiheitlich demokratische Grundordnung« gilt. Das heißt vor allem, dass Gewalt- und Willkürherrschaft wie im Nationalsozialismus verboten sind. Und dass Minderheiten- und Menschenrechte geschützt werden, ebenso wie die Presse- und Meinungsfreiheit. Das alles gehört zu unserer Demokratie.

Wenn der AfD-Parteichef 2018 in einem FAZ-Interview erklärt, dass er Leute in Politik und Medien »aus der Verantwortung vertreiben« will, »die die [derzeitige] Politik mittragen«, dass er also seine Gegner*innen aus dem Weg räumen will, dann kann man das als antidemokratische Haltung bezeichnen. Auch wenn seine Partei dafür gewählt wird.

Das Problem mit den Populisten und das, was einem Sorgen bereiten sollte, ist vor allem ihre Anschlussfähigkeit. Die völkischen Krawattenträger und Internetbrigaden streben ins Bürgertum und stoßen dabei auf immer weniger Widerstand. Schuld daran sind auch, aber nicht nur rechtsextreme Einstellungen. Vier Beispiele, woran man das Problem unserer Demokratie erkennen kann:

Anti-Establishment: Die gesellschaftliche Mitte zweifelt. Immer mehr Menschen in Deutschland misstrauen der Politik. Wer die Welt dabei nur noch schemenhaft sieht, gilt als anfällig für Populismus: hier die kleinen Leute, um die sich niemand kümmert, da die Elite, die nur für ihre eigenen Interessen arbeitet. Nach dem Motto: Politiker tun eh nix für mich. Die Studie »Populismusbarometer 2018« zeigt, dass diese politische Stinkefinger-Haltung zunimmt. Fast jede*r dritte Wahlberechtigte ist laut der Untersuchung der Bertelsmann Stiftung populistisch eingestellt. Während die Zahl der Politikverdrossenen steigt, sinkt die Zahl der engagierten Demokraten, die nicht so empfänglich sind für einfache Wahrheiten. Auch sie liegt bei einem Drittel. Dazwischen: ein Drittel zweifelnde Unentschiedene. Die man mit Populismus schön abholen kann. Besonders, wenn Politiker*innen der nichtpopulistischen Parteien auch mal mit einfachen »Wahrheiten« experimentieren wollen.

Die rechtsradikalen und -extremen Einstellungen sind nicht spontan durch die neuen Flüchtlingszahlen entstanden. Potentielle AfD-Anhänger*innen waren schon vorher da. Vermutlich waren sie seit 1945 sogar nie weg. Jedenfalls zeigen Langzeitstudien seit den 1980er Jahren, dass der Anteil der völkischen *Monokulti*-Träumer immer zwischen 15 und 20 Prozent lag. Jede*r Fünfte im Land kann sich mit »Deutschland den Deutschen«, der rechten Ur-Parole, irgendwie identifizieren. Mit anderen Worten: es gibt keinen *neuen* politischen Rechtsruck – zumindest nicht in der Gesellschaft.

Wenn es die Rassisten aber schon immer gab, stellt sich natürlich die Frage, warum die Ultrarechten erst jetzt so einen Erfolg haben. Eine Bertelsmann-Studie mit dem Titel »Wie weltoffen ist Deutschland?« ging dieser Frage 2018 nach. In den Neunzigerjahren, so die Wissenschaftler, gab es die Wiedervereinigung und wirtschaftliche Probleme. Die Leute waren verunsichert und sehnten sich nach Stabilität und Sicherheit. Keine Zeit für Denkzettel-Wahlen, keine Konjunktur für Wutbürgerparteien, die sich allein durch Untergangsszenarien über Wasser hielten. Jetzt aber geht es Deutschland wirtschaftlich gut. Jetzt können wir wieder Parteien wählen, die nur Probleme und keine Lösungen anbieten.

Nichtwähler*innen: Wer mit der Politik grundsätzlich nicht einverstanden ist oder sich nichts davon verspricht, kann zwei Dinge tun: nicht wählen oder anti-wählen. 2009 war die Wahlbeteiligung so niedrig wie noch nie: 29 Prozent der Wahlberechtigten haben nicht für den Bundestag mitgestimmt. Fast jede*r dritte Wahlberechtigte hat sich verweigert. 2017 entschied sich bei der Bundestagswahl immer noch jede*r Vierte fürs Nichtwählen. Würde man das parlamentarisch gewichten, wäre die politische Leckmich-Fraktion die zweitgrößte, nach CDU/CSU. Auch bei diesem Thema zeigt sich ein Ost-West-Unterschied: Die Wahlbeteiligung in den neuen Bundesländern ist niedriger als in den meisten alten. Richtig unterirdisch ist die Teilnahme an den EU-Wahlen. Nicht einmal die Hälfte der

Bürger*innen interessiert sich für die Europäische Union. Seit 1999 stimmen weniger als 50 Prozent mit.

Nur scheint es die meisten Parteien wenig zu jucken, wenn die Leute sie nicht wählen, solange sie ihre Stimme niemand anderem geben. Deutlich effektiver ist es, wenn Bürger*innen ihrem Ärger durch Wählen Luft machen. Parteien wie die AfD punkten vor allem als Protestpartei. Laut Forschungsgruppe Wahlen sagte nach der Bundestagswahl 2017 nur ein Drittel ihrer Wähler*innen, sie fänden das Programm der AfD gut. Offenbar wollten die allermeisten mit ihrem Kreuz bei den Populisten den etablierten Parteien einen Denkzettel verpassen. Den haben sie auch wahrgenommen, nur leider als Migrations-Denkzettel und nicht als Demokratie-Denkzettel.

Wahlunberechtigte Ausländer: Und dann ist da noch die Sache mit den Ausländer*innen. 6,5 Millionen von ihnen sind volljährig und leben schon länger als fünf Jahre in Deutschland und haben trotzdem in politischen Angelegenheiten nichts zu melden. Mehr als sechs Millionen Menschen sind von der Demokratie weitgehend ausgeschlossen – das sind mehr, als es AfD-Wähler*innen bei der letzten Bundestagswahl gab. Immerhin dürfen EU-Staatsangehörige bei Kommunalwahlen mitmachen. Aber trotzdem bleibt eine erhebliche Gruppe von wichtigen Wahlen ausgeschlossen. Auch das ist ein Teil unseres Demokratieproblems: Die Wohnbevölkerung überschneidet sich nicht mit der Wahlbevölkerung.

Dass Ausländer*innen politisch nichts zu melden haben, ist kein Naturgesetz. Es gibt Länder auf der Welt, in denen sie mitwählen dürfen. Wenn man das partout nicht will, sollten wir endlich Einbürgerung erleichtern.

Wir stumpfen ab

Antidemokratische Denke, Politikverdrossenheit und Einheimische ohne Stimmrecht – das alles hatten wir schon vor dem »neuen« Rechtsruck. Aber erst seit die Rechtsradikalen 2017 mit fast 13 Prozent in den Bundestag eingezogen sind, ist er amtlich. Das ist vielleicht das Gute am Wahlerfolg der AfD. Er macht unser Demokratieproblem sichtbar. Das Schlechte daran: Ihr Erfolg hat den Rechtsruck befeuert. Manche deuten die Wahlerfolge der Rechtspopulisten als Vollmacht für eine völkische Vorherrschaft. Wir nehmen die Zeichen für antidemokratische Entwicklungen oft nur noch zur Kenntnis. Aber es gibt sie haufenweise:
- In die angstbesetzte Debatte über die »Flüchtlingskrise« hat sich ein völlig anderes Thema gemischt: der Islam als ständige Bedrohung. Das hat sich auf die Einstellungen ausgewirkt: Studien zeigen, dass antimuslimischer Rassismus und andere Anti-Hal-

tungen in Deutschland sichtbar zunehmen. Auch antisemitische Äußerungen sind wieder sichtbarer als früher.
- Die Gewalt nimmt zu. Wer nicht blond und blauäugig ist, muss sich mancherorts mehr in Acht nehmen. Auch Angriffe auf Asylunterkünfte gehören inzwischen zum Alltag. 2017 gab es fast jeden Tag einen. Im Oktober 2018 kam dann die »gute« Nachricht in der Tagesschau: Die Zahl der Angriffe sei »deutlich zurückgegangen«. Im Schnitt *nur* noch alle zweieinhalb Tage einer.
- Rechtsextreme organisieren sich in Sicherheitsapparaten: In der Polizei und der Bundeswehr wurden rechtsextreme Vereinigungen aufgedeckt.
- Rechtsextreme übernehmen die Straße: Die Zahl der völkischen Flashmobs nimmt zu. Seit 2014 erleben wir immer wieder, wie sich neovölkische Netzbekanntschaften zu Demonstrationen treffen, »Ausländer raus« grölen und Journalisten angreifen.

Ich finde es erstaunlich, wie wenig wir über die klaren Anzeichen unseres Demokratieproblems reden. Demokratieentleerung und völkisches Gedankengut – das sind die Grundvoraussetzungen für autokratische oder noch schlimmer: faschistische Systeme. Nur leider reicht die Kraft zum Empören nur für eine Weile. Irgendwann muss man auch mal wieder das

Abendbrot zubereiten oder die Wäsche machen. Wir stumpfen ab. Wir neigen dazu, das alles als Einzelfälle zu sehen und zu verdrängen.

Wir sollten uns endlich eingestehen: Die meisten von uns sind auf dem rechtsextremen Auge blind. Der Antifa-Spruch »Kein Bock auf Nazis« ist in Deutschland ein Lebensmotto. Und genau das ist unser Problem. Wir wollen nicht wahrhaben, was nicht sein darf: dass das Problem größer ist als ein paar Spinner*innen am rechten Rand. Leider glauben wir einer rechtsextremen Gesinnung noch immer erst, wenn sie in Springerstiefeln daherkommt. Wenn Leute nicht so aussehen, als würden sie ihre Freizeit in Nazi-Kameradschaften verbringen, halten viele sie eher für »besorgte Bürger*innen«. Sogar dann, wenn sie bei Demonstrationen mitlaufen, die eindeutig von Rechtsextremisten organisiert wurden, wie 2018 in Chemnitz. Nur weil sie keine Glatze tragen oder sich den Hitler-Gruß verkneifen, sind sie noch lange keine glühenden Demokraten.

Immerhin: Viele Menschen im Land haben die Probleme inzwischen wahrgenommen – nicht nur Migrantisierte. Fast 80 Prozent der Befragten erklärten im Sommer 2018 im ZDF-Politbarometer, sie sähen eine »große Gefahr für die Demokratie durch Rechtsextreme«. Also vermutlich **alle**, außer den Rechtsextremen selbst.

Nur was tun die Regierungsparteien der Union

und die SPD? So gut wie nichts. Entweder hören sie die Glocken nicht läuten oder sie leugnen das Ding-Dong. Ist ja auch ein schwieriges Thema. Was tut man mit einer gefährdeten Demokratie? Das weiß ich auch nicht genau. Aber ich fände es beruhigend, wenn ich vermittelt bekäme, dass unsere Regierung das Problem ernst nimmt und sich Gedanken darüber macht.

Es wäre übrigens ein guter Zeitpunkt für die Parteien, sich für die freiheitliche Demokratie stark zu machen. Noch punktet der populistische Diskurs nur bei einer Minderheit – das zeigte im Januar 2019 die ZuGleich-Studie der Stiftung Mercator. Rund 80 Prozent stehen weiterhin hinter dem Einwanderungsland Deutschland. Das gleiche Bild gab im Oktober 2018 die #Unteilbar-Demo ab, die größte Demonstration seit 15 Jahren. Mehr als 240 000 Menschen aus ganz Deutschland zeigten in Berlin Gesicht für ein offenes und demokratisches Deutschland. Auch bekannte Schauspieler*innen und Musiker*innen, Stars und Sternchen boten ihre Hilfe an. Und egal ob Fluggewerkschaft, Naturschutzorganisation, Senioren-Club oder Eishockey-Verein: Unteilbar gegen rechts, darauf konnten sich alle einigen. Das ist doch was.

INTEGRATIONS-
POLITIK FÜR
ALLE!

Vorschlag Nr. 1

Nicht die Integration ist gescheitert,
sondern unsere Integrationsdebatte.
Fangen wir noch mal von vorne an.

Meine Mutter hat mir mal erzählt, warum der Gemüsehandel in Deutschland in türkischer Hand ist: Die Aubergine hat gefehlt. Im Tante-Emma-Laden gab es nur Kohl und Kartoffeln – keine Zucchini, keine Paprika, der Knoblauch unbezahlbar. *Almanya* entpuppte sich als kulinarische Einöde. Die Gastarbeiter*innen in den 1960er Jahren wussten nicht recht, was sie essen sollten. Also haben sie selbst importiert und verkauft. Auch die Deutschen kamen auf den Geschmack. Inzwischen sichert der Onkel-Ahmet-Laden vielerorts die Nahversorgung und Döner Kebap ist quasi ein Grundnahrungsmittel.

Man könnte das eine Erfolgsgeschichte nennen. Oder man nimmt es als Beweis für die gescheiterte Integration der Türken. Einmal dürfen Sie raten, wie wir diese Geschichte in Deutschland erzählen.

Nicht nur der Migrationsdiskurs, auch unsere Integrationsdebatte ist verlogen und verbogen. Gelungene Integration interessiert uns nicht. Wir reden vor allem über *Desintegration*: Woran man die angeblich gescheiterte Integration erkennt und warum der Islam die Muslime integrationsunfähig mache. Wider alle Fakten diskutieren wir das rauf und runter. Der inzwischen verstorbene SPD-Altkanzler Helmut Schmidt beispielsweise erklärte 2004 in einem Interview im Hamburger Abendblatt, es war »ein Fehler, daß wir zu Beginn der 1960er Jahre Gastarbeiter aus fremden Kulturen ins Land holten«. Die »Mischung europäischer und außereuropäischer Kulturen« sei »bisher nirgendwo wirklich gelungen«. Ein klares Urteil. Das *Experiment* mit den Ausländern ist gescheitert. Beim Kanzlerduell 2017 sagte Angela Merkel (CDU) fast nebenbei, wir hätten viel gelernt aus dem »Nicht-Gelingen der Integration der Gastarbeiter«. Sie meinte damit, dass es früher keine Sprachkurse und sowas gab. Aber trotzdem: Nicht-Gelingen?

Die Integration meiner Eltern und ihrer Kollegen für gescheitert zu erklären, ist eine deutsche Zwangsneurose. Was wollt ihr eigentlich? Dass die Ex-Gastarbeiter*innen alle »Deutschsein, Deutschsein über alles« singen? Ihre Integration ist nicht gescheitert. In Anbetracht der Umstände – nämlich nullkommanull Integrationsangebote vom Aufnahmeland – ist sie sogar verdammt gut gelaufen.

Man vergisst leicht, dass die Forderung nach Integration ein ziemlich neues Phänomen ist. Noch in den 1980er Jahren lautete das politische Credo »Förderung der Rückkehrbereitschaft«. Auf gut Deutsch: Haut-wieder-ab-Politik. Damals konnten ehemalige Gastarbeiter*innen bis zu 10 500 D-Mark Belohnung kassieren, wenn sie so freundlich waren, Deutschland wieder zu verlassen. Das wurde ihnen als großzügiges

Angebot verkauft, war aber eigentlich nur ein Bruchteil dessen, was sie in die Rentenkasse eingezahlt hatten. Also haben sich nur wenige darauf eingelassen. Die Rückkehrförderung ging noch eine ganze Weile. Ich bin damit groß geworden.

Nach und nach wurde aus »Ausländer raus« die politische Order »Integriert euch«. Inzwischen ist Integrationspolitik quasi Staatsräson. Ihr Kern ist die Forderung nach Integration – die immer bestehen bleibt. Das haben wir Integrationspflichtigen nur lange nicht kapiert. Denn anfangs, in den 1990er-Jahren hieß es noch: Wenn die Zugewanderten hart arbeiten, Deutsch sprechen und soziale Kontakte zu Einheimischen pflegen, läuft die Sache. Aber die allermeisten Gastarbeiter haben genau das getan und gelten trotzdem nicht als integriert. Und wir, ihre Kinder, stehen auch noch in der Bringschuld.

Die Mär von der gescheiterten Integration

2010 erklärte der »Sachverständigenrat deutscher Stiftungen für Integration und Migration« in seinem ersten Jahresgutachten: Die Integration der Migranten läuft gut, viel besser als ihr Ruf. Die überraschende Meldung schlug 2010 ein wie eine Bombe. *Waaaas, Deutschland geht gar nicht unter?* Doch gegen gefühlige Argumente kommt man mit Fakten schwer an.

Kurz darauf erschien Thilo Sarrazins Buch »Deutschland schafft sich ab« und löste mit biologischen Argumenten und verdrehten Statistiken eine monatelange Desintegrationsdebatte aus, die bis heute ihre Spuren hinterlässt. Die Mär von der gescheiterten Integration wurde bereichert um Bilder wie »Kopftuchmädchen« oder *unproduktive* Araber und Türken. Nur Obst- und Gemüsehandel.

Ärgerlich war weniger der Standpunkt eines rassistischen, alten Mannes als vielmehr die offene Neugier, mit der viele Medien die Geburtenrate von Türkinnen überprüften. Mal schauen, ob Sarrazin recht hat mit seiner Behauptung, »die Türken erobern Deutschland [...] durch eine höhere Geburtenrate«. Ernsthaft: Die Geburtenrate einer einzelnen Wurzelgruppe wurde recherchiert. Der *Umvolkungs*-Diskurs, der seit 2015 in den Sozialen Netzwerken omnipräsent ist, ist keineswegs neu.

Aber auch ohne Bestseller von Rassisten reden wir ständig über Probleme. Was man alles angeblich nicht sagen darf, und deswegen erst recht die ganze Zeit besprechen müsse. Der erspürte Integrationsmangel gilt als bewiesen, wenn migrantisierte Muslime etwas Schlimmes getan haben oder auch nur: eine Moschee bauen, ihr Haar bedecken, falsche Fahnen schwenken, kein Akademikerdeutsch näseln.

Zu den Evergreens der Desintegrations-Ballade zählen vor allem drei Argumente:

1. Die sprechen nix Deutsch

Als wichtigster Beweis der gescheiterten Integration gilt bis heute brüchiges Deutsch. Nur: Das Argument kommt total aus der Hüfte geschossen. Wer Sprachmangel in der Politik öffentlich beklagen will, sollte vorher Studien in Auftrag geben. Denn bis jetzt gibt es nur wenige Daten darüber und die bestätigen meine Einschätzung: Die meisten Migranten sprechen gut Deutsch. Manche haben vielleicht einen Akzent oder machen mal Fehler, aber das gehört in einem Einwanderungsland dazu.

Zur Beweisführung des Integrationsmangels gehört auch die Klage darüber, dass Migranten ihren Kindern zuhause kein Deutsch beibringen. Kurze Frage: Wenn Sie in Italien leben würden, würden sie dann mit Ihren Kindern Italienisch sprechen oder Deutsch? Sprachwissenschaftler*innen würden Ihnen empfehlen, mit Ihrem Nachwuchs in der Muttersprache zu kommunizieren statt in einer Fremdsprache. Was ich damit sagen will: Wenn Kinder bei der Einschulung nicht gut genug Deutsch können, dann ist das keine Integrationsverweigerung, sondern ein ganz normales Problem, das manchmal auch Kinder *ohne Migrationshintergrund* betrifft und für das man eine Lösung finden kann. Zum Beispiel genügend Kita-Plätze und frühkindliche Sprachförderung.

2. Unsere Schulen brennen

Auch ein häufiges Argument für die gescheiterte Integration: Erfahrungsberichte frustrierter Lehrkräfte an »Brennpunktschulen«, die darüber klagen, dass es in ihrer Klasse wegen der vielen *Mihigrus* nicht gut läuft. So wie beim Brandbrief der Berliner Rütli-Schule 2006, der eine tagelange bundesweite Desintegrations-Debatte ausgelöst hat. Der Hilferuf der Rektorin an den Berliner Senat stieg ein mit der ethnischen Zusammensetzung der Klassen: Soundso viele Araber, soundso viele Türken, »der Gesamtanteil der Jugendlichen n.d.H. (nicht deutscher Herkunft) beträgt 83,2 Prozent«. Damit schien für viele das Problem geklärt: So viele Mihigrus, kein Wunder, dass es da so zugeht. Heute, ein paar aufwendige Reformen und ordentliche finanzielle Investitionen später, läuft es am »Campus Rütli« vorbildlich, weshalb inzwischen auch Bildungsbürger*innen ihre Kinder auf die Schule schicken. Wo ein Wille, da ein Weg. Eine vergleichbar große Debatte darüber blieb natürlich aus.

3. Die sind so kriminell

Beweis der gescheiterten Integration Nummer drei: Ausländer*innen tauchen in einigen Kriminalitätsstatistiken deutlich öfter auf, als ihr Anteil in der Bevölkerung beträgt. Die Debatte über »kriminelle Migranten« kommt immer wieder und ist ein besonders hartnäckiger Desintegrations-Mythos. Dieses Argument ist deswegen tückisch, weil es Daten liefert. Wer dagegen halten will, muss umständlich die Erfassungsmethoden aus der Polizeilichen Kriminalitätsstatistik auseinander nehmen, um festzustellen, dass hier meistens Äpfel mit Birnen verglichen werden. Aber unterm Strich bleibt trotzdem hängen: Migranten sind krimineller als Nichtmigranten. Nur selbst wenn es so einfach wäre, was kann man daraus schließen? Entweder: Bei uns im Land läuft etwas schief und Ausländer*innen driften ab. Oder: Migranten haben einen natürlichen Hang zu Kriminalität.

Ich behaupte mal, dass die genetisch oder kulturell bedingte Kriminalitätsneigung primitiver Schwachsinn ist. Wissenschaftlich ist sie jedenfalls nicht haltbar. Aber die andere Schlussfolgerung würde heißen, dass wir über das gescheiterte Integrationsvermögen der Aufnahmegesellschaft reden müssen. Dass bei uns soziale Ausgrenzung, bürokratische Hürden, Diskriminierung, ein geschlossenes Bildungssystem und so weiter dazu führen, dass bestimmte Gruppen eher kriminell werden. Aber das ist meistens kein Thema.

Was ich sagen will: Unsere Integrationsdebatten sind total gefühlig und wischiwaschi. Nur selten geht es dabei um die eigentliche Sache – die Integration von Migranten. Meistens schwingen Politiker*innen launig die Desintegrations-Keule, um in einer komplizierten Welt zu zeigen, dass sie konservativ sind und sich von Ausländern nicht auf der Nase herum tanzen lassen. Auch, wenn das eine völlig freie Interpretation der Situation ist.

Was heißt »Integriert euch!«?

Die »Integriert euch«-Forderung hat noch eine weitere praktische Funktion: Sie definiert »die Deutschen« – also die richtigen Volldeutschen – als bereits integrierte Innengruppe. Nach dem Motto: Die Migranten müssen *unsere* Demokratie und Werte erst noch verinnerlichen. Und sie müssen erst mal lernen, dass wir in Deutschland Frauen nicht begrapschen und Juden nicht beschimpfen. Ich hoffe, es ist nicht nötig zu betonen, dass es auch Einheimische gibt, die Nachhilfe in *unseren* Werten brauchen und Neuzugewanderte, die sie schon vor der Einwanderung verinnerlicht hatten.

Kritische Migrationsforscher*innen bezeichnen »Integration« als »bedeutungsoffenen Begriff«, was nichts anderes heißt, als dass er in den letzten 30 Jahren ziemlich hohl geblieben ist. Das muss er auch, wenn die Botschaft weiterhin lauten soll: *Deutsche, gut gemacht! Migranten und Nachkommen, antreten zum Integrieren!*

Wir haben es in der Integrationsdebatte seit den 1990er Jahren versäumt, über zwei wichtige Fragen zu diskutieren:
- Ab wann ist man eigentlich abschließend integriert?
- Warum wollen wir in Deutschland eigentlich so zwanghaft in die »deutsche Kultur« integrieren, anstatt in Politik, Gesellschaft, Wirtschaft oder die Nachbarschaft?

Statt diese Fragen zu klären, wurde der hohle Integrationsbegriff mit absurden Forderungen gefüllt. Vor allem mit dieser: *Anpassung* an eine vermeintliche *Leitkultur*.

Ich habe ein paar Semester in Erlangen studiert und an der Uni als Hilfskraft gearbeitet. Bei der Weihnachtsfeier unseres Instituts habe ich mich jedes Mal leidenschaftlich über das Schweinebraten-Buffet hergemacht, während die meisten anderen Studis Bier und Haxe am frühen Nachmittag absurd fanden. Ich bin ein Fan der fränkischen Kulinarik, keine Frage. Aber im Nachhinein glaube ich, mir ging es um etwas anderes: Ich wollte den Kollegen aus der Uni-Verwaltung unbedingt beweisen, wie toll ich *integriert* bin. Sie sollten wissen, dass Braten, Bier und Würstchen für mich dazu gehören. Als fränkische Schäufele-Türkin war ich jedes Mal die Schau.

Was da vor sich ging, hatte aber mit Integration

nichts zu tun. Wissenschaftlich betrachtet war das Assimilation, das lateinische Wort für Angleichung.

In Deutschland herrscht weitestgehend Einigkeit darüber, dass Migranten sich *wie Deutsche* verhalten und möglichst unsichtbar werden sollen. Wer »integriert euch« sagt, meint meistens »assimiliert euch«. Wer sich anpasst, wird zwar immer noch nicht Teil der deutschen Community, bekommt aber ein Fleißsternchen ins Ausländer-Hausaufgabenheft. 2007 titelte die Zeitung Die Welt: »Integriert: der erste türkische Schützenkönig«. In Paderborn habe sich Emin Özel »an die Spitze einer urdeutschen Tradition *mit christlichen Wurzeln* geschossen«. Darüber steht: »Mehr Integration geht nicht!«

Laut Umfragen findet eine Mehrheit es legitim zu erwarten, dass sich Eingewanderte den deutschen Gepflogenheiten anpassen.[5] Aber wenn man kurz darüber nachdenkt, ist das keineswegs legitim. Warum dürfen Menschen nicht »anders« sein: sich anders kleiden, anders essen, anders sprechen, andere Freizeit-Aktivitäten haben als wir es für *typisch deutsch* halten? Wo leben wir denn? Es kann doch nicht sein, dass jede nichtchristliche, abweichende Tradition

---

5 Sonderauswertung des Religionsmonitors der Bertelsmann Stiftung: »Zusammenleben in kultureller Vielfalt: Vorstellungen und Präferenzen in Deutschland« (2017) und andere Umfragen.

zum Symbol für gescheiterte Integration erklärt wird. Assimilation ist Privatsache, keine legitime Forderung.

Leitkültür für alle

Womit wir beim Thema wären. Zur unaufhörlichen Integrationsforderung gehört der Klassiker »Migranten müssen sich der *deutschen Leitkultur* anpassen«. Jede*r in Deutschland hat eine Meinung zur Leitkultur, aber niemand weiß, wofür sie steht. Die politische Nebelkerze brennt seit gut 20 Jahren. Damals hatten sie CDU-Politiker gezündet und zaubern sie bis heute ab und an in politischen Debatten hervor. So wie im letzten Bundestagswahlkampf 2017, als Thomas de Maizière (damals Bundesinnenminister) die Leitkultur endlich mit Inhalt füllen wollte. In der Bild-Zeitung nannte er ein paar Thesen zum deutschen Wesen, wie: »wir sind nicht Burka«, »wir fordern Leistung« und »wir geben uns zur Begrüßung die Hand«. Prima. Dann sind fast 100 Prozent im Land integriert.

Ich hätte ja ganz andere Assoziationen zu typisch deutsch. Zum Beispiel: Funktionsjacken zu allen Jahreszeiten, Rabattmarken fürs Tankstellenklo, Frühbucherrabatte, Bratwurst an jeder Ecke, ein akkurater Umgang mit Fließband-Warentrennern im Supermarkt oder Mikro-Einkäufe im Lebensmittelgeschäft

(»eine Banane, drei Oliven, zwei Scheiben Graubrot«). Das alles kenne ich nur aus Deutschland.

Aber mal im Ernst: Eine teutonische Überkultur, die aus ethnisch geprägten Gepflogenheiten besteht und für alle gilt, gibt es nicht. Wie auch? Selbst deutsche Folklore sieht in jeder Region anders aus. Wenn sie konkret werden sollen, stammeln Leitkultur-Fans deswegen meist etwas vom Grundgesetz und den darin vorgeschriebenen Werten. Das ist falsch und vermessen zugleich: Seit wann sind Gleichberechtigung, Freiheit und Demokratie *deutsche* Werte? Ich dachte immer, die wären universell. Außerdem ziehen sich durch die deutsche Geschichte eher völkische Denke und Kriegslust als Freiheit und Frieden. Aber dieses Argument ist natürlich gemein. Bleiben wir also beim Grundgesetz.

Unsere Verfassung ist eine tolle Sache und selbstverständlich müssen sich alle daran halten. Sie ist nur eben keine »Kultur« (siehe Duden) und nicht *ethnisch* oder *christlich*. Das Grundgesetz ist ein Regelwerk. Es ist der Konsens, auf dem die deutsche Gesellschaft aufbaut, weil wir aus den Fehlern in der Weimarer Republik und im Nationalsozialismus gelernt haben. Dieser Konsens stellt es den Menschen aus gutem Grund frei, wie sie »deutsche Kultur« definieren. Wenn wir eine Leitkultur haben, dann die, dass sich bei uns jede*r kulturell und gesellschaftlich ausleben darf:

Artikel 2
(1) Jeder hat das Recht auf die freie Entfaltung seiner Persönlichkeit, soweit er nicht die Rechte anderer verletzt und nicht gegen die verfassungsmäßige Ordnung oder das Sittengesetz verstößt.

Das Grundgesetz schreibt vor, dass es keinen Zwang geben darf, sich anzupassen. Müssten unsere Politiker*innen das nicht wissen? Manche Leitkultur-Fans sagen dann: Ja, aber wer will sich schon in eine Gruppe integrieren, die ihre eigene Kultur nicht kennt? Ich finde, die Frage lautet eher: Wer will sich in eine Gruppe integrieren, die vor lauter Komplexen ständig Andere zur Sau macht und »integriert euch!« ruft? Selbstbewusst sieht anders aus.

Was für eine Integrationspolitik brauchen wir?

Wir haben den ewigen »Integriert euch«-Ruf durchschaut – die deutsche Integrationsdebatte ist gescheitert. Fangen wir am besten noch mal von vorne an. Mit einem völlig neuen Konzept von Integration.

Schritt 1: Unsere Denkfehler beheben

- Integration sollte nicht länger als Migrationsthema behandelt werden. Deutsch gut, Migrantisch nix-gut – damit muss endlich Schluss sein.
- Das Leitkultur-Blabla nervt. Die Idee einer homogenen Germanen-Kultur ist Humbug. Oder zeigt ihn endlich her, den Keim der deutschen Zivilisation, damit wir den Streit abschließen können.
- Pauschale »Integriert euch!«-Forderungen an Mihigrus bringen nichts – außer Ausgrenzung. Wer unbedingt Integration fordern will, soll das tun, aber bitte alle meinen.
- Migrations- und Integrationspolitik (egal welche) löst nicht die Unzufriedenheit der Menschen im Land. Abschiebungen sind kein Allheilmittel gegen unzufriedene Bürger*innen. Die innenpolitischen Probleme bleiben.

Schritt 2: Einigen wir uns darauf, in was wir integrieren

Da gäbe es verschiedene Optionen. Aber in diesem Buch geht es vorrangig um die politische und gesellschaftliche Debatte. Und hier gilt: Die Politik, also der Staat, muss Menschen nicht in eine »Kultur« integrieren, sondern in ein politisches System. Dieses System heißt bei uns »freiheitliche demokratische

Grundordnung«, steht schon im Grundgesetz, und die meisten Menschen im Land finden es dufte. Wenn wir es staatstragend haben wollen, können wir das Ganze »gesetzliches Wertefundament« nennen. Wer sich daran hält und es verteidigt, ist integriert.

Nicht integriert ist dann, wer kriminell oder gewaltbereit ist, extremistisch oder menschenfeindlich – egal mit welchem Glauben, welcher Herkunft und so weiter. Integrationsprobleme sind nicht für Migranten reserviert. Ein Teil der deutschstämmigen Gesellschaft ist auch nicht integriert, zum Beispiel in den Arbeitsmarkt oder in das politische System.

Mit diesem Integrationsverständnis kann auch eine Frau mit Kopftuch, ein Mann mit Sikh-Turban oder traditioneller Bekleidung für integriert befunden werden, ganz ohne Schützenverein und Schäufele. Wer das trotzdem haben will (wie ich) – auch gut.

Schritt 3: Machen wir Integrationsangebote für alle

Klaus J. Bade, Pionier der deutschen Migrationsforschung, sagte vor vielen Jahren und immer wieder, eine »nachhinkende Reparaturpolitik« könne keine »vorausschauende Gesellschaftspolitik« ersetzen. Bade plädierte schon vor einer halben Ewigkeit für einen integrationspolitischen Neubeginn. In der deutschen Einwanderungsgesellschaft müsse der Fokus weg von der Integration von Migranten hin zu einer »teilhabeorientierten Gesellschaftspolitik für alle, ob mit oder ohne Migrationshintergrund«.[6]

Das gilt heute immer noch: Wir brauchen einen Paradigmenwechsel. Natürlich sind Integrationsangebote für Neueingewanderte sinnvoll, wie zum Beispiel Sprachkurse und Orientierungshilfen. Und, hurra, beides bieten wir schon an. Die Kurse haben wir 2005 mit dem Zuwanderungsgesetz eingeführt. Wenn es endlich ausreichend Kursangebote gibt und die Lehrkräfte nicht mehr prekär bezahlt werden, läuft die Sache mit der »Erstintegration«.

Aber irgendwann ist es damit auch gut. Wir brauchen eine richtige Integrationspolitik, die Migranten nach einer Weile als selbstverständlichen Teil der Gesellschaft behandelt und nicht mehr als Migranten. In einem Sozialstaat mit einer pluralen Gesellschaft muss sich die Politik unter dem Schlagwort »Integration« um alle Menschen kümmern, die aufgrund ihrer Lebenslage besondere Unterstützung brauchen – um Arme, Arbeitslose, Familien mit Kindern oder Pflegebedürftigen zum Beispiel. Dazu gehört, dass sich Schulen, Krankenhäuser, Bibliotheken, Jugendämter und so weiter auf eine vielfältige Bevölkerung ein-

---

6 Klaus J. Bade: »Die multikulturelle Herausforderung«, 1996 und »Kritik und Gewalt«, 2013

stellen – ohne dabei Mihigrus als Sondergruppe zu behandeln.

Wir brauchen eine politische Bildung, die alle Einwohner*innen in den Blick nimmt, besonders die, die zu extremistischen Positionen neigen. Demokratie- und Wertekunde für Rechtsextremisten und gewaltbereite Islamisten, die den Holocaust leugnen oder unser Grundgesetz ablehnen. Ein Aufklärungsprogramm für Rechtsextremisten könnte die Botschaft beinhalten: Liebe Leute, macht euch locker, die »Umvolkung« ist längst abgeschlossen. Der Zug ist abgefahren. Es gibt keine deutsche Nation von reinen Abstammungsdeutschen. Es hat sie nie gegeben. Oder etwas Geschichte-Nachhilfe: Menschen aus Anatolien wandern bei uns seit Jahrtausenden ein und das Abendland steht immer noch. Wallah.

Eine Integrationspolitik für alle würde auch dem Ruf nachkommen, den die sächsische Integrationsministerin Petra Kipping von ihren Bürger*innen gehört hat: »Integriert doch erstmal uns!« So lautet sogar der Buchtitel ihrer »Streitschrift für den Osten«. Das »erstmal« stört mich zwar, aber davon abgesehen ist der Integrationswunsch nachvollziehbar: Wir brauchen endlich eine Gesellschaftspolitik, die sich an alle Gruppen in der Bevölkerung richtet – Neuzugewanderte und Alteingesessene, unabhängig von ihrem Migrationsblabla. Hören wir endlich auf, nach Herkunft zu sortieren, wem wir welche Aufmerksamkeit schenken.

Eine Integrationspolitik muss sich auch um den Schutz vor Diskriminierung kümmern. Leider wird das bei uns eher als Luxuspolitik gesehen: Kann man machen, muss man nicht. Ein Fehler. Diskriminierung betrifft viele verschiedene Menschen und verbaut ihnen Chancen. Und das macht sie – zu Recht – wütend. Nicht nur Migrantisierte, auch junge und alte Menschen, Frauen, Transpersonen, Menschen mit Behinderung, religiöse Minderheiten, Homosexuelle, Obdachlose und viele andere werden benachteiligt. Und meistens wissen sie nicht, wohin mit ihren Erlebnissen. Wir haben dafür zwar theoretisch das »Allgemeine Gleichbehandlungsgesetz«, aber fast niemand kennt es und das aus gutem Grund: Es bringt kaum was. Denn wir haben es in Deutschland nur eingeführt, weil es eine Auflage der Europäischen Union war. Von selbst wären wir nicht darauf gekommen, Menschen per Gesetz vor Diskriminierung zu schützen.

Wer integrieren will, holt die Leute nicht ab mit rechten Sprüchen und »integriert euch«-Frotzeleien. Der holt sie ab mit guten Arbeitsplätzen, Anerkennung ihrer Leistungen, Gestaltungsmöglichkeiten, mit einem Sozialstaat, der Sicherheit im Fall der Fälle verspricht, und mit politischem Durchblick.

Damit das klappt, brauchen wir Institutionen, die mit mehr Geld und Personal ausgestattet sind. Gesellschaftspolitik ist nicht billig. Aber ein kollabierender

Rechtsstaat auch nicht. Und der droht uns immer mehr, je länger wir so tun, als wäre Abwehren von Migranten die Lösung für die Spannungen in der Gesellschaft.

RASSISMUS VERSTEHEN: WORÜBER REDEN WIR EIGENTLICH?

Vorschlag Nr. 2

Allergische Reaktionen, Schnappatmung und Abwehr? Wie wäre es mal mit einem entspannten, sachlichen Umgang mit dem Thema Rassismus. Vielleicht finden wir dann sogar ein besseres Wort dafür.

Es gibt Themen, bei denen alle meinen, mitreden zu können, auch wenn sie keinen blassen Schimmer davon haben. Sexismus ist so ein Thema. Die meisten Menschen denken, es sei Sexismus, wenn eine Frau begrapscht oder sexuell genötigt wird. Doch der Begriff steht nicht für Straftaten, sondern für die Frage, wie unsere Gesellschaft tickt: also inwieweit Männer und Frauen unterschiedliche Rollen zugeteilt bekommen. Es muss keine Handgreiflichkeit stattfinden – kein Fummeln, kein Kneifen, keine Anspielung auf Sex. Es reichen ein paar »nette Worte«, die zeigen, wie sexistisch eine Ansicht ist. Zum Beispiel: »Sie sind doch viel zu hübsch für eine Staatssekretärin.« Trotzdem finden sich immer ein paar Neunmalkluge, die meinen, man dürfe sowas nicht Sexismus nennen – weil das »echte Fälle« von sexueller Nötigung verharmlose.

Fast genauso läuft es beim Thema Rassismus: Kaum jemand in Deutschland weiß, was »Rassismus« wirklich bedeutet – aber alle wissen, dass sie damit nichts zu tun haben. Die meisten Menschen denken fälschlicherweise, Rassismus sei ein Nazi-Thema, das 1949 formal abgeschafft wurde. Oder sie denken: Um Rassist*in zu sein, muss man »Ausländer raus!« brüllen und sich den Führer zurück wünschen. Oder: Etwas könne nicht rassistisch sein, wenn es keine böse Absicht war. Oder: Wenn man »Freunde mit Migrationshintergrund« hat, ist es unmöglich, rassistisch zu sein.

Deswegen vermutlich reagieren so viele Leute allergisch auf das R-Wort und zucken zusammen, wenn es fällt. Der Abwehrreflex kommt oft mit der Gewaltmetapher, jemand schwinge »die Rassismus-Keule«.

Gleichzeitig gilt Rassismus als *gefühliges* Thema, als Ansichtssache. Die meisten Politiker*innen und Medienleute haben aus dem Stegreif eine Meinung. Bei Themen wie Finanzmarkt, Fracking oder Kopfpauschale würden sie den Sachverhalt erst mal recherchieren, aber hier kann jede*r spontan aus dem Bauch heraus mitreden.

Schon verrückt, dass ausgerechnet in Deutschland so viel Unklarheit über Rassismus herrscht. Dabei müsste es hier eigentlich zur Allgemeinbildung gehören. Leider ist es schwierig, über Sexismus oder Rassismus zu diskutieren, wenn man sich gar nicht einig ist, wofür die verwendeten Begriffe stehen. Deswegen hier ein paar Grundlagen zum R-Wort.

Was Rassismus (nicht) ist

Rassismus ist – total vereinfacht – die Haltung, wonach es verschiedene Menschengruppen gibt: die einen gut, die anderen schlecht. Oder heute würde man eher sagen: die einen gut, die anderen besser.

Denn Rassismus kommt nicht mehr so offen daher. Viele sprechen auch von Rassismus als »Herrschaftsform«, eine Art gesellschaftlicher Platzanweiser: die einen gehören dazu, die anderen sind nur dabei. Wichtig zu wissen: Rassismus ist meistens von der Meinungsfreiheit gedeckt und keine Straftat.

Rassisten ordnen Menschen in Gruppen ein (früher »Rasse« genannt) und schließen sie damit aus der eigenen Gruppe aus. Das kann als knallharte Ideologie mit physiognomischen Merkmalen daherkommen wie beim Rassenwahn im Rechtsextremismus – muss aber nicht. Wenn migrantisierte Leute wie ich davon reden, meinen wir oft eine andere Form, die auch **Neorassmismus**, **Kulturrassismus** oder **Alltagsrassismus** genannt wird, weil sie einem jederzeit und überall begegnen kann. Typisch für diesen modernen Rassismus ist, dass Menschen denken, eine Person sei soundso, wegen ihrer mutmaßlichen Herkunft, Kultur oder Religion. Ich schreibe »mutmaßlich«, denn ob die Person wirklich Ausländer*in, Türk*in, Araber*in, Afrikaner*in, muslimisch oder jüdisch ist, spielt keine Rolle.

Solche kulturrassistisch definierten Gruppen können *arabische Clans* heißen oder *muslimische Jugendliche, Deutschtürken, Afrikaner, Roma, Kurden* und so weiter. Die Gruppe kann auch vermeintlich positiv bewertet werden, wie *Asiaten sind immer so fleißig und höflich*. Das klingt auf den ersten Blick harmlos, aber Rassismus führt meistens dazu, dass Menschen entsprechend ihrer Gruppe anders behandelt werden.

Rassismus macht aus, dass man der Gruppenzugehörigkeit nicht entkommt: Selbst Leute mit türkischen oder arabischen Namen, die sich ausdrücklich vom Islam distanzieren und Muslime schlecht machen, erleben – wenn es hart auf hart kommt – alle Nachteile, die Muslime erleben. Wegen ihres Namens, ihres Aussehens, ihrer »genetischen« Gruppenzugehörigkeit.

Institutioneller Rassismus

Rassismus kann auf zwei Arten daherkommen: entweder individuell, durch einzelne Personen, oder strukturell, durch Institutionen, Gesetze, Normen und ähnliches. Institutioneller Rassismus heißt, dass bestimmte Gruppen in zentralen Bereichen ausgegrenzt oder benachteiligt werden, etwa durch Abläufe in Behörden oder in der Art, wie Statistiken erfasst werden.

Beispiel 1: Schule

Bis heute gibt es zwei Gruppen, die aus Sicht der Schulverwaltungen für mehr Aufwand sorgen: Kinder aus prekären Verhältnissen und Kinder aus Einwandererfamilien. Über beide Gruppen werden (uneinheitlich) Statistiken geführt. Warum es die zweite Kategorie braucht, wenn man die erste hat? Weil wir in Deutschland Migrationshintergrund pauschal mit Problemen gleichsetzen, unabhängig vom sonstigen Hintergrund in der Familie.

Mihigrus schneiden in der Schule durchschnittlich schlechter ab als Nicht-Mihigrus: Ihre Schulabbruch-Quote liegt höher und ihr Anteil auf dem Gymnasium niedriger. Manche meinen, der Grund dafür sei, dass sich *Migranteneltern* weniger um die Bildung ihrer Kinder scheren. Wenn ich das höre, packt mich die Wut, denn die meisten Geschichten, die ich kenne, klingen so wie meine:

Das deutsche Bildungssystem hatte für mich als Schulkarriere erst Türkenklasse, dann Hauptschule vorgesehen. Das wissen die meisten Leute gar nicht: Früher gab es in vielen Bundesländern Sonderklassen für Gastarbeiterkinder. Darüber findet sich erstaunlich wenig im Internet. In manchen Ausländerklassen gab es sogar Unterricht in der Muttersprache, denn das Integrationskonzept der Achtzigerjahre lautete: Bereithalten zur Heimreise. Ich bin nur deshalb nicht in der Türkenklasse gelandet, weil meine alleinerziehende Mutter lautstark protestiert hat. Danke, Mama.

Vier Jahre später hat meine Lehrerin meiner Mutter empfohlen, mich *nicht* aufs Gymnasium zu schicken.

Nicht wegen der Noten, die waren sehr gut, aber die »Ausländerpädagogik« sah vor, dass Gastarbeiterkinder auf die Sonder- oder Hauptschule gehen. Wenn sie besonders gut waren, sollten sie auf die Realschule. Warum? Weil man davon ausging, dass die Eltern sie nicht unterstützen können und das Gymnasium sie überfordere. Das war keine individuelle Haltung von fiesen Lehrkräften, das hatten sie so im Studium gelernt.

Meine Mutter hat mich trotzdem auf einem Gymnasium angemeldet – sogar mit Französisch als erste Fremdsprache, weil Französisch lernen immer ihr großer Traum war. In der neuen Klasse war ich wieder der einzige *Schwarzkopf*. Wenn ich es geschafft habe, dann trotz des deutschen Bildungssystems, nicht wegen. Die meisten meiner Bekannten *of Color* haben auch keine Empfehlung fürs Gymnasium bekommen, viele haben erst nach der Realschule oder auf dem zweiten Bildungsweg Abitur gemacht und studiert. Eine ganze Generation von Migrantenkindern wurde in Großstädten, wo die Strukturen es erlaubten, gesondert behandelt. Auch wenn es die Muttersprachklassen nicht mehr gibt, ist das strukturelle Problem noch da. Bis heute belegen Studien systematische Benachteiligungen von Schüler*innen mit Migrationshintergrund – und von Kindern, die aus »bildungsfernen« Verhältnissen kommen. Wir wissen das und tun nichts dagegen. Ich verstehe das nicht.

Beispiel 2: Polizei und andere Sicherheitsapparate

Ein anderer typischer Bereich für institutionellen Rassismus sind die Sicherheitsapparate. Unser Staat sieht nämlich sämtliche Ausländer*innen als Gefahr. Um eine »verstärkte Überwachung der Ausländer im Bundesgebiet« zu gewährleisten, werden sie alle im »Ausländerzentralregister« (AZR) erfasst. Die Idee hatten bereits die Nationalsozialisten, die 1938 eine zentrale »Ausländerzentralkartei« einführten. 1953, nur wenige Jahre nach dem Ende des NS-Regimes, kam der Wunsch nach Kontrolle zurück. Wo kämen wir auch hin, wenn sich Ausländer ohne staatliche Überwachung im Land bewegen würden? Inzwischen werden haufenweise persönliche Daten über rund zehn Millionen Menschen gesammelt – ein kostspieliges und diskriminierendes Unterfangen. Denn die AZR-Daten stehen vielen Behörden zur Verfügung, ohne dass die Betroffenen etwas davon mitbekommen oder Einfluss darauf haben. 1983 stellte das Bundesverfassungsgericht klar, dass das so nicht geht – also wurde 1994 eine gesetzliche Grundlage dafür geschaffen, die das Vorgehen legalisiert.

Diese Haltung macht sich auch im Polizei-Alltag bemerkbar: Wer »ausländisch« aussieht, gilt als potentiell gefährlich. Polizei und Geheimdienste arbeiten viel mit dem, was auf den ersten Blick da ist – also mit Klischees und Stereotypen. Leute, die für Ausländer*innen gehalten werden, werden eher kontrolliert und ihre Aussagen misstrauischer aufgenommen.

Zwar dürfen unsere Freunde und Helfer in Deutschland nicht einfach so Leute kontrollieren, aber es gibt Ausnahmen: Die Bundespolizei darf Passanten auf Bahnhöfen, Flughäfen und in Zügen nach ihrem Ausweis fragen, wenn »Tatsachen die Annahme rechtfertigen, dass die Personen sachdienliche Angaben« für die Polizeiarbeit machen (Bundespolizeigesetz § 22). Mein Freund Karim sieht offenbar so aus, als könnte er sachdienliche Angaben machen. Denn er wurde schon oft kontrolliert, am Hauptbahnhof und anderswo. In Berlin gibt es nämlich zusätzlich die Regelung für »kriminalitätsbelastete Orte«: Auch an diesen Plätzen darf die Polizei »verdachtsunabhängige Personenkontrollen« durchführen. So ganz verdachtsunabhängig sind die natürlich nicht. Die Kontrollierten fallen optisch in ein Raster, besonders oft: Punks und Leute, die für *Ausländer* gehalten werden. Zwar sind Kontrollen nur wegen der Hautfarbe oder dem Aussehen verboten. Aber ganz zufällig passt Karim ins polizeiliche Bild von »arabisch« oder »südländisch« und wurde schon oft nach seinen Ausweispapieren gefragt. Ganz zufällig wurden seine *weißen* Freunde noch nie auf der Straße von der Polizei angehalten und mussten »sachdienlich« wirken. Wurden Sie schon mal kontrolliert? Passt das ins Schema?

Racial oder *ethnic profiling* ist Alltag in Deutschland, das können viele Menschen bestätigen.

Personeller Rassismus

Araber sind Machos, Roma wollen nicht sesshaft sein, Afrikaner tanzen gut? Rassismus hat viel mit Klischees und Vorurteilen zu tun. Also liegt das Problem nicht nur in den Strukturen, sondern auch bei einzelnen Menschen. Wer sich mal mit Vorurteilen beschäftigt hat, weiß, dass wir alle anfällig dafür sind und dass man sich das bewusst machen muss. Das Gehirn versucht bei der Informationsverarbeitung Energie zu sparen und fällt schnelle Urteile. Wenn sich jemand rassistisch verhält, steckt dahinter nicht immer böse Absicht oder eine menschenverachtende Weltanschauung. Auch nette Leute denken oder verhalten sich manchmal rassistisch. Jede*r kann es sein. Auch Sie. Auch ich. Natürlich auch Menschen, die selbst von Rassismus betroffen sind.

Trotzdem – oder gerade deswegen – ist es ein ernstes Problem. Vor allem dann, wenn man nicht bereit ist, darüber zu reden.

Statt Debatten über Rassismus gleich abzuwehren, würde es uns gut tun, gelassen darüber zu diskutieren und daran zu arbeiten. Warum nicht mal einen Hinweis auf Rassismus (oder auch Sexismus) dankbar annehmen? Wie stark wäre es, wenn jemand auf die »Rassismus-Keule« antworten würde: *»Vielen Dank. Darüber habe ich so noch nicht nachgedacht. Besprechen wir das doch später, wenn ich mir meine Gedanken dazu gemacht habe.«*

Rassismus, der Begriff ist heftig

Manche haben ein Problem mit dem Begriff Rassismus, weil darin das Wort »Rasse« vorkommt. Das kann ich nachvollziehen. Es ist wirklich krass und erinnert an Nazi-Zeiten und den ganzen »Herrenrasse«-Mist. Nur ist es falsch, den Nationalsozialismus mit Rassismus allein zu erklären. Bei Hitler und seinen Schergen kamen viele weitere »Ismen« zusammen: Faschismus, Nationalismus, Totalitarismus, Chauvinismus, Sozialdarwinismus, Antisemitismus, Antiziganismus, Heterosexismus und noch mehr. Die Nazi-Zeit steht für alles, was wir heute überwunden haben wollen. Wer das nur mit Rassismus gleichsetzt und meint, den gäbe es heute nicht mehr, irrt.

Auch manche *Migrantisierte* verwenden das Wort nicht gern, weil darin das genetische Argument steckt und vieles, was sie im Alltag erleben, nicht mit Rassenideologie im eigentlich Sinn zu tun hat. Denn natürlich macht es einen Unterschied, ob man an verschiedene »Menschenrassen« glaubt oder »nur« kulturelle Vorurteile hat. Aber ich sehe das so: Wie bei allen *Ismen* gibt es auch hier Abstufungen. Außerdem haben wir keinen alternativen Begriff, der Alltagsrassismus oder institutionellen Rassismus treffend beschreibt. Also verwende ich ihn.

In Wissenschaft, Politik und Medien neigen viele Leute dazu, das R-Wort zu vermeiden, und sprechen lieber von »Ausländerfeindlichkeit« oder »Fremdenhass«. Aber es geht nicht um Ausländer oder Fremde. Viele Schwarze Menschen, Sinti und Roma, Muslime, Juden und Leute wie ich leben in der x-ten Generation hier. Wir sind nicht fremd oder ausländisch – aber von den feindlichen Einstellungen sehr wohl betroffen.

Leider benutzen viele Menschen die Begriffe *Fremde* und *fremde Kulturen*, ohne groß darüber nachzudenken. Das sagt man halt so. Aber meistens ist es eine rassistische Kategorie, die nichts mit »fremd« im eigentlichen Wortsinn zu tun hat. Denn bestimmt wissen sie eine ganze Menge über Muslime, Migranten, Deutsche mit *ausländischen Wurzeln* und so weiter. Sie kennen welche, sind vielleicht mit ihnen befreundet oder haben sie in der Familie. Aber weil sie nicht *richtig* deutsch sind, werden sie zu Fremden erklärt.

Genau genommen müsste es in den Studien und

Berichten also *rassistische Inländer- und Ausländerfeindlichkeit* heißen – oder kurz: Rassismus. Was die meisten stattdessen tun: Sie übernehmen das rassistische Weltbild aus der völkischen Logik. Manche nennen das Phänomen sogar Fremden*angst*, angelehnt an das lateinische Fremdwort Xenophobie. Das schafft Mitgefühl. Leuten, die *Angst* vor *Fremden* haben, will man helfen. Angst hat etwas Pathologisches, da kann man nichts dafür.

Bei der richtigen Wortwahl geht es Leuten wie mir nicht ums Prinzip. Ich stehe nicht auf das Wort Rassismus. Aber wer von »Fremdenfeindlichkeit« und »Hetze gegen Ausländern« spricht, erklärt mich zur Fremden oder bürgert mich aus. Und dreht die Kausalität um: Wenn ein AfD-Politiker eine Staatsministerin »in Anatolien entsorgen« will (wie 2017 Aydan Özoğuz), will er das nicht tun, weil sie »fremd« oder »ausländisch« wäre, sondern weil er (Alexander Gauland) einen völkischen Hau hat. Nicht die Merkmale der Menschen sind das Problem, sondern das Gedankengut der Leute. Wer Rassismus sagt, benennt das Problem. Wer Fremdenfeindlichkeit sagt, übernimmt das Problem.

Wir könnten uns vielleicht auf einen anderen »Ismus« einigen, wie *Ausländerismus*, *Fremdismus* oder *Völkismus*, um klarzustellen, dass es um eine künstliche Kategorie geht. Es gibt bestimmt Möglichkeiten, das Phänomen zu beschreiben, ohne in die

Ausländer-Falle zu tappen. Aber bis wir etwas Passendes gefunden haben, halte ich es für eine gute Lösung, dass alle lernen, was der Begriff Rassismus bedeutet und wie man ihn verwenden kann.

Weiß, Schwarz, of Color? Kleine Vokabel-Kunde

Will man über Rassismus reden, gibt es ein großes Problem: Wie soll man die Gruppen nennen, ohne bescheuerte Kategorien wie Ethnie, Kultur oder Wurzel zu benutzen? Das ist wirklich schwer. Aber es gibt im Rassismusdiskurs eine Faustregel:

Entscheiden nicht Sie, wo jemand hingehört (zum Beispiel »Deutsche mit ghanaischen Wurzeln«), sondern fragen Sie die Person selbst, wie sie sich bezeichnet.

Fremdzuschreibungen sind ein Teil des Problems. Natürlich kann man nur Einzelpersonen fragen und nicht ganze Gruppen, aber auch da finden sich mit etwas Kreativität Worte, die Menschen nicht zwangsverorten. Deswegen verwende ich zum Beispiel gern den Begriff *»Migrantisierte«*, den die Islamwissenschaftlerin Riem Spielhaus geprägt hat und der das Problem verdeutlicht, statt eine Herkunft aufzuzwingen.

Hier noch ein paar zentrale Begriffe aus dem Rassismusdiskurs, die immer wieder für unnötige Missverständnisse sorgen:

Weißsein

Ich werde als Gast in Diskussionsrunden oft vorgestellt mit: »Ferda Ataman ist Journalistin mit *türkischen Wurzeln*.« Dass mir die Wurzel-Besessenheit auf die Nerven geht, ist das eine. Aber dass bei anderen Panelgästen keine Wurzeln erwähnt werden, macht die Sache interessant. Offenbar finden die Moderatoren: Wozu erwähnen, was selbstverständlich ist? Deutsche Wurzeln sind Standard. Die Ataman hat halt *andere* Wurzeln.

Das wurzelfreie Dasein ist ein Privileg und nennt sich *Weißsein*. Dabei geht es nicht um den Pigmentierungsgrad der Haut (wer ist schon weiß?), sondern um die allgemein akzeptierte Norm. Im Rassismusdiskurs spricht man von weißen Deutschen, um die einseitige Wahrnehmung zu zeigen: hell, gut, rein, sauber. Im Gegensatz zu den »Ausländern«: dunkel, kriminell, problematisch. Weiß ist also ein politischer Begriff, den viele deswegen klein und kursiv schreiben (ich auch). Er steht für alles, was wir *deutsch*, *westlich* oder *christlich-aufgeklärt* finden.

Weißsein kann in jedem Land anders sein. Meine Familienangehörigen zählen in der Türkei zum Beispiel zu den »*weißen* Türken« (beyaz Türkler), weil sie keiner Minderheit angehören. Ich aber bin in Deutschland keineswegs *weiß*, ich bin *Deutschtürkin*, ein Identitätsjackpot. Wir Türken verkörpern in Almanya seit Jahren den Prototyp des Ausländers. Der Kümmel-Clan steht für alles, was im Integrationsland schief läuft. Zu viele von uns und Deutschland schafft sich ab.

Viele *weiße* Menschen denken, Rassismus betreffe immer nur die *Anderen*. Die Autorin und Antirassismus-Trainerin Tupoka Ogette nennt diesen mentalen Zustand »Happyland«. In Happyland fallen Sätze wie, »mir sind Herkunft und Hautfarbe total egal«. Das sagt sich leicht, wenn man selbst nie auf die Wurzeln oder Hautfarbe angesprochen wird. Gleichzeitig nennt man Schwarze Menschen »Farbige«, als hätte man selbst keine Hautfarbe. In Happyland genießt man Privilegien, ohne es zu bemerken. Zum Beispiel weniger Polizeikontrollen und die Bequemlichkeit zu glauben, Rassismus hätte mit einem selbst nichts zu tun – und gleichzeitig sitzt man da und denkt: *Aha, die Ataman hat also türkische Wurzeln. Hätte ich gar nicht erkannt.*

Rassismus betrifft *weiße* Menschen genauso wie *nicht-weiße*. Sie müssen dafür gar nichts aktiv tun. Aber sie sollten sich dessen bewusst werden.

Schwarze Menschen (mit großem S)

Wer sich selbst als »Schwarz« bezeichnet, bekommt manchmal etwas zu hören wie: »aber so dunkel sind Sie doch gar nicht«. Zu glauben, man könne dabei mitreden, welche Hautfarbe die Person gegenüber hat oder wie oft sie *wirklich* Diskriminierung erlebt haben kann, ist einer der nervigsten Aspekte im Rassismusdiskurs. Wenn man das mit dem »Schwarz« nicht versteht – was total nachvollziehbar ist –, wäre die sympathischere Frage: *Warum nennen Sie sich eigentlich so?*

Viele afrodiasporische Menschen verwenden das als Eigenbezeichnung, die aus dem englischsprachigen Rassismusdiskurs kommt (»Black«). Auch hier geht es nicht um Hautfarbe (wer ist schon schwarz?), sondern um den Gegensatz zu »*weiß*«. Um deutlich zu machen, dass es eine Eigenbezeichnung ist, wird »Schwarz« groß geschrieben. Schwarze Menschen rutschen unter dem Standard-Radar fast nie durch und erleben öfter Rassismus als andere. Übrigens haben einige von ihnen keinen *Migrationshintergrund*, weil die Vorfahren schon über Generationen von hier sind. *Afrodeutsch* ist also durchaus typisch deutsch, das haben nur viele noch nicht akzeptiert. Wer Schwarze Menschen pauschal als »Afrikaner« bezeichnet und meint, das sei politisch korrekt, liegt jedenfalls daneben.

People of Color, Deutsche of Color, Postkolonialismus

Wer in diesem Sinne weder *weiß* noch *Schwarz* ist, kann auf die Eigenbezeichnung *People of Color* oder *Person of Color* zurückgreifen – bitte nicht mit »Farbige« übersetzen, niemand braucht mehr koloniale Sprache. Ich höre PoC [Englisch: Pi-o-si] immer öfter auch in deutschen Debatten und verwende es selbst manchmal. Die Endung *of Color* steht für diverse (sichtbare) Minderheiten, die in rassistische Schubladen gesteckt werden.

Meistens verwenden den Begriff Leute, die sich mit *Postkolonialismus* beschäftigen, also mit den Langzeitfolgen des Kolonialismus, von denen es erstaunlich viele gibt. Ein simples Beispiel sind deutsche Urlaubs-Serien wie »Traumschiff«, die Schwarze Menschen und People of Color überwiegend in kolonialistisch geprägten Rollen zeigen, also als Bedienstete, eingeborene Tänzer*innen oder »wilde« Schönheiten. *Postkolonialismus* will sagen: Der Kolonialismus wurde formell abgeschafft, die kolonialistische Weltsicht ist noch da. Auch darüber reden wir viel zu wenig.

Neue Deutsche, postmigrantische Gesellschaft

Ich verwende in journalistischen Texten oft die Bezeichnung *Menschen aus Einwandererfamilien*, weil das offen lässt, wer wann eingewandert ist, und am ehesten am gängigen Vokabular andockt. Wenn es aber gar nicht um Migration geht, benutze ich *Bindestrich*-Deutsche und »Neue Deutsche«, weil das sichtbar macht, wo wir stehen: dass Leute of Color ihr Deutschsein betonen, ist noch nicht so lange üblich. Aber nicht alle fühlen sich mit dem national aufgeladenen Wort »Deutsch« wohl – wer rassismustechnisch auf der sicheren Seite sein will, müsste »*People of Color* und *Schwarze Menschen*« sagen. Das hat mich als Journalistin, die es gern leicht und unkompliziert hat, am Anfang irritiert, aber Eigenbezeichnungen sind Eigenbezeichnungen – die sollte man akzeptieren und lernen.

Immer mehr im Kommen ist auch der Begriff *postmigrantisch*, der sich vom Migrationshintergrund distanziert und ihn gleichzeitig erwähnt. Mit dem Wort stellt man klar, dass Deutschland nicht nur akut Migration erlebt, sondern längst geprägt ist von ihr. Unsere heutige Gesellschaft ist eine Spätfolge der Migration, *postmigrantisch eben*.

Rassismus-Exkurs: Muslime überall!

Können Sie sich vorstellen, dass ein Meinungsforschungsinstitut anruft und fragt, ob das Judentum etwas in Deutschland zu suchen hat: »Bitte kreuzen

Sie an: Das Judentum gehört zu uns, gehört nicht zu uns ...«? Oder dass Reporter*innen eine Gruppe namens »Patriotische Europäer gegen die *Verjudung* des Abendlands« als »Judentumskritiker« bezeichnen? Nein? Ich auch nicht. Aber mit »Islam« statt »Judentum« passiert das ziemlich oft. Seit Jahren führen wir voller Inbrunst eine »Islam-Debatte« (und keine Christentums-Debatte) und merken gar nicht, wie absurd unser Umgang *mit dem Islam* und *den Muslimen* ist. Und wie gefährlich. Wir sind total abgestumpft.

In regelmäßigen Abständen führen wir Umfragen dazu durch, ob der Islam zu Deutschland gehört. Etwa die Hälfte der Deutschen antwortet jedes Mal mit »Nein«. Das ist faszinierend, denn wenn der Islam nicht zu Deutschland gehört, wieso ist er dann ständig Thema? Wir sind regelrecht besessen davon. Wir reden so viel darüber, dass man meinen könnte, Wissen über den Islam gehöre zur deutschen Leitkultur.

Die meisten »Islam-Experten« findet man derzeit bei den Rechtsradikalen. Logisch: Ohne Asylsuchende aus muslimischen Ländern wäre die AfD vermutlich eine Splitterpartei. Rechtsextreme sehen im Islam keine Weltreligion, sondern eine gefährliche politische Haltung, die sie bekämpfen müssen. Manche völkischen Sportsfreunde sind so fixiert auf ihr Feindbild Nummer eins, dass ich glaube, sie blättern vor dem Einschlafen im Koran, um sich für die nächste Suren-Schlacht im Internet zu wappnen.

Die »Islam-Debatte« hat ihre Spuren hinterlassen. Die meisten Menschen in Deutschland finden, mit der Religion sei etwas nicht ganz koscher und glauben, dass sich Muslime besonders schwer damit tun, sich zu integrieren. Schublade auf, Muslime rein, Schublade zu.

Und: Die meisten Menschen in Deutschland überschätzen ihre Zahl massiv. In einer Umfrage von 2016 schätzten die Befragten den Anteil der Muslime in der Bevölkerung durchschnittlich auf 21 Prozent – in Wahrheit liegt er unter sechs Prozent.

Aber selbst diese Zahl ist fragwürdig. Das Bundesamt für Migration und Flüchtlinge hat für die offizielle Statistik eine Umfrage unter Mihigrus gemacht und die Ergebnisse hochgerechnet. Demnach leben in Deutschland 4,4 bis 4,7 Millionen Muslime. Das klingt so, als wären knapp fünf Millionen Menschen in Deutschland gläubige Muslime. Aber dem ist nicht so.

Weil ich als Kind von türkeistämmigen Menschen geboren wurde, zähle ich auch dazu. Ich falle offenbar in die Kategorie »gar nicht gläubige Muslime«. Ja, wirklich: *nicht gläubige Muslime*. Außerdem zählen zu den erfassten Muslimen neben »sehr stark gläubigen« auch »eher nicht gläubige« und nur ein bisschen gläubige, also Leute, die es mit den Regeln nicht so genau nehmen – muslimische Hedonisten, die vermutlich Schweinefleisch essen, Alkohol trinken oder in wilder Ehe leben.

Das weiß aber offenbar niemand. Denn wenn es in den Medien um Muslime geht, werden immer Motive von streng gläubigen Muslimen gezeigt. Bilder von Frauen mit Kopftuch oder die berühmten »betenden Hintern«: Männer auf Moschee-Teppichen, die beim Knien nach vorne von hinten fotografiert werden. Liebe Kolleg*innen aus den Foto-Redaktionen, warum zeigt ihr nicht mal Leute in einem hippen Café oder Passanten auf einer Einkaufsstraße, wenn die Überschrift lautet: »In Deutschland leben mehr Muslime«? Und bitte hört auf, Frauen mit Kopftuch zu zeigen, wenn es allgemein um *Migranten* in Deutschland geht. Kein Wunder, dass die Leute denken, über 20 Prozent der Bevölkerung seien Muslime, wenn unter jeder Überschrift mit Migranten ein Bild von verschleierten Frauen zu sehen ist.

Aber vor allem: was heißt das, wenn Bundesbehörden Leute wie mich als Muslime zählen, die Moscheen gar nicht oder nur als Touristen von innen gesehen haben? Gibt es Vollmuslime, Halbmuslime, Viertelmuslime...? Offenbar gilt in Deutschland: Die Zugehörigkeit zum Islam wird vererbt, so wie die nichtdeutsche Herkunft und die Integrations-Bringschuld. Einmal Muslim*a, immer Muslim*a. Wie kann es sein, dass niemand in der Politik diese Zählweise hinterfragt? Mich macht das ratlos.

Viele meinen mit »Muslimen« offenbar keine Gläubigen, sondern Menschen aus einem kulturellen Clan, die das Muslimischsein verbindet, vom *Atheisten* bis zum Großmufti. Ich habe jahrelang nichts gesagt, wenn man mich auf Podien angesprochen hat mit: »Sie als Muslimin, was denken Sie über ...?« Ich wusste ja, wie es gemeint war: als *Wurzelding*. Das Muslim-Etikett klebt auf allen Türkeideutschen. Ungefragt.

Völlig bescheuert. Erst *muslimisieren* wir einen Teil der Gesellschaft, um uns dann darüber zu beschweren, dass wir *islamisiert* werden. Wir müssen dringend darüber reden, wen oder was wir mit »die Muslime« meinen und warum wir so fixiert auf sie sind.

Die Autoren der »Leipziger-Autoritarismus-Studie« von 2018 erklären, dass **antimuslimischer Rassismus** »erschreckend« gestiegen sei: 44 Prozent der Befragten stimmen der Aussage zu, »Muslimen sollte die Zuwanderung nach Deutschland untersagt werden«. 56 Prozent fühlen sich durch die Muslime »manchmal wie ein Fremder im eigenen Land«. Vor ein paar Jahren waren es noch deutlich weniger.

Am schlimmsten sind allerdings die Werte in Sachen **Antiziganismus**: Schockierende 60 Prozent finden im Jahr 2018, »Sinti und Roma neigen zur Kriminalität«.

Wenn es um Juden geht, reagieren wir in Deutschland aufgrund unserer Geschichte etwas sensibler und weniger abgestumpft. Trotzdem ist **Antisemitismus** viel weiter verbreitet, als man glauben mag: »Juden haben einfach etwas Besonderes und Eigentümliches an sich und passen nicht so recht zu uns« – dieser deutlich antisemitischen Äußerung stimmten rund 18 Prozent in Westdeutschland und fast 30 Prozent im Osten zu, wie die Autoritarismus-Studie zeigt. Auch antisemitische Straftaten nehmen bedenklich zu. Antisemitische Einstellungen kommen besonders oft mit Verschwörungstheorien daher. Manche völlig abgedrehten Zeitgenossen verquicken darin neuerdings ihren Hass gegen Juden und Muslime: *Die steigende Zahl der Muslime seit 2015 sei eine Rache der Juden an den Deutschen.* Klar, für ausgewachsene Antisemiten stecken immer »die Juden« hinter allem Übel, also hier: hinter den Muslimen. Ich würde ja laut lachen über so viel kranken Schwachsinn, aber es ist manchen bitterer Ernst. Also sollten wir das auch ernst nehmen.

POLITISCH KORREKT? JA, BITTE!

Vorschlag Nr. 3

Political Correctness ist zum Kampfbegriff der Rechten geworden. Aber ein Mindestmaß an Anstand in der Sprache ist nicht zu viel verlangt. Holen wir uns die politische Korrektheit zurück.

»*Zigeuner*schnitzel« zu essen ist kein Menschenrecht. Trotzdem halten manche daran fest, als wäre es eins. Wider die politische Korrektheit kleben sie an dem Begriff, als wäre es der Untergang des Abendlands, wenn man das Ding »Paprika-Schnitzel« oder »Balkan-Schnitzel« nennt. Ich kann nicht nachvollziehen, warum man Wert auf ein Schimpfwort legt, das die am stärksten diskriminierte Minderheit in Europa verunglimpft. Aber für die Fans von besagtem Schnitzel geht es offenbar ums Prinzip. Ich frage mich, wie es ihnen gehen würde, wenn es im Supermarkt eine Schimpfwort-Soße zu kaufen gäbe, die sich gegen sie selbst richtet – die *Kartoffeldeutsche*-Soße. Würden sie die auch verteidigen? Aber hier fängt der Unterschied schon an: Es gibt keinen vergleichbaren Schmähruf für Deutsche. Kartoffel? Krauts? Piefke? Alles irgendwie niedlich. Der Empathiemangel könnte also auch da herrühren, dass das deutsche Volk keine jahrhundertelange Erniedrigung kennt. Da klingelt nichts. Also beharrt man auf seinem Recht auf sein Schimpfwortschnitzel und denkt, »stellt euch nicht so an«.

Ich gehöre zu denen, die Grenzen für Sagbares gut finden. Ob Sie das nun politisch korrekt nennen oder Rücksicht im Miteinander ist mir egal: aber ich will nicht als *Kümmeltürkin* oder *Weib*, *Kanake* oder *Tussi* bezeichnet werden und bin froh, dass die meisten Menschen sich daran halten. Ich will keine Ethnien-Soße im Handel haben und kein Schimpfwortschnitzel auf dem Speiseplan. Und ich verstehe überhaupt nicht, was es an kommunikativen Geboten und anständigen Umgangsformen auszusetzen gibt. Jede Gesellschaft braucht ein paar wohltuende Tabus, die das Zusammenleben regeln. Jemanden zu beschimpfen ist keine Freiheit, sondern eine Frechheit.

Für mich ist politische Korrektheit eine Errungenschaft der Zivilisation. Zum Glück verändert sich unsere Sprache. Immer mehr diskriminierende Begriffe geraten in Verruf, die vor ein paar Jahrzehnten noch freiherzig verwendet werden konnten. *N., Mohr, Bimbo, Itaker, Knoblauchfresser* (und hier wird die Schlagseite der Schimpfwörter schon deutlich), aber auch harmlosere Vokabeln wie *Fremdlinge* oder *Fremdarbeiter* sind aus dem Alltagsgebrauch der meisten Menschen verschwunden. Selbst »Ausländer« darf man die *Ausländer* nicht mehr nennen – die heißen jetzt *Migranten*. Man darf auch nicht mehr sagen, dass die Ausländer wieder nach Hause sollen, ohne gleich Rassismus vorgeworfen zu bekommen. Es ist schwieriger geworden in Deutschland, sich frei rassistisch auszuleben. Oder Frauen und andere Geschlechter ständig unerwähnt zu lassen.

Nicht nur Ultrarechte finden das ärgerlich. Die Aversion gegen die »Political Correctness« oder PC [pi-si], wie das auf Englisch heißt, ist ziemlich verbreitet. Für manche Menschen ist PC sogar zum Inbegriff für jede Regel geworden, die ihnen missfällt: *Zuckerfreies Essen in der Kita? Bäh, die Political Correctness greift um sich.* Dabei geht es bei dem Thema um diskriminierungsfreie Sprache. Darum, wie wir miteinander und übereinander kommunizieren.

Ich habe bei der Arbeit in Redaktionen und Behörden immer wieder gehört: *bitte nicht politisch korrekt. Bei uns gibt's keine Sprechverbote.* Aber wer solche Plattitüden runterleiert, hat das vermutlich nicht zu Ende gedacht. Soll wirklich jede*r alles sagen dürfen? Wäre ein Innenminister, der Witze über Behinderte oder Juden macht, satisfaktionsfähig? Darf ein Bundeskanzler sexistisch über Frauen reden? Nein. Auf keinen Fall.

Leider ist Political Correctness zum Kampfbegriff der Rechten geworden, so wie »Multikulti« und »Toleranz«. Rechtsradikale erklären den sprachlichen Anstand zur Moralkeule, mit der sie von Linken um ihre Meinungsfreiheit gebracht werden. Der Vorwurf kommt neuerdings zusammen mit dem der *Lügenpresse*. Dahinter steht die Wahnvorstellung, dass unsere Medien *von oben* gesteuert werden und die Wahrheit verschweigen, um Minderheiten zu schützen. Diese Halluzination wird vor allem in verschwörungstheoretischen, alternativen Medien geschürt und findet sich in den Eingeweiden des Internet erstaunlich oft. Aber irgendwie sickert sie auch in die seriösen Medien ein. Niemand will sich den Vorwurf der Lügenpresse oder eingeschränkten Meinungsfreiheit anhören müssen, also nimmt man immer weiter rechte Positionen mit auf. Soll »das Volk« ruhig auch mal ungeschützt seine Meinung sagen.

Also sehe ich immer wieder Leute im Fernsehen, die sich darüber beschweren, dass man Vieles nicht mehr sagen dürfe. Dann fragen die Journalisten meist »was denn?«, und die Leute legen los. Vor laufender Kamera. Schimpfen über die gefährlichen Muslime, frauenschändende Flüchtlinge und die böse, böse politische Korrektheit, die die Leute mundtot mache. Sie beklagen öffentlich, dass man nicht sagen dürfe, was sie gerade sagen, nachdem sie es selbst aus den Medien erfahren haben. Das Gleiche im Internet: Beleidigungen, rassistische Wutausbrüche, begleitet vom ewigen Gejammere, dass man »nichts Kritisches« mehr frei äußern dürfe. Der Widerspruch scheint die *Politischkorrekt*-Phobiker*innen nicht zu stören. Er gipfelt im Satz »das wird man wohl noch sagen dürfen«, der vermitteln soll, dass die Person, die ihn gerade sagt, sehr mutig ist. Was bitte ist daran mutig – außer die Peinlichkeit zu überwinden, sich so zum Horst zu machen?

Egal wie viel wir über Probleme im Einwanderungsland sprechen, es kommen immer irgendwelche Spinner*innen und behaupten, wir wären zu politisch korrekt und müssten endlich mal über Probleme reden. Diese Behauptung kommt so oft, dass viele sie offenbar für wahr halten. Fast 55 Prozent der Befragten stimmten in einer repräsentativen Studie der Aussage zu: »In Deutschland darf man nichts Schlechtes über Ausländer sagen, ohne gleich als Rassist beschimpft zu werden.« Die Frage, warum man etwas Schlechtes über Ausländer sagen sollte, stellte sich den meisten offenbar gar nicht.[7]

Meinungsfreiheit ist keine Ansichtssache, sondern ein Grundrecht

Oft fällt beim Gejammer über mangelnde Meinungsfreiheit auf, dass die Leute überhaupt nicht wissen, wovon sie sprechen.

1. Politisch korrekte Sprache hat mit »Sprech*ver*boten« nichts zu tun. Die Verbote im rechtlichen Sinn sind im Strafgesetzbuch § 130 zur Volksverhetzung geregelt. Und der greift nur dann, wenn Leute eindeutig zu Hass oder Gewalttaten aufrufen und die Justiz davon Wind bekommt und es für verfolgungswürdig hält. Also fast nie. Es kann fast alles gesagt werden. Und es wird auch fast alles gesagt. »Ausländer

---

[7] »Gespaltene Mitte. Feindselige Zustände«, Friedrich Ebert Stiftung, 2016

raus« zum Beispiel ist laut Bundesverfassungsgericht in der Regel von der Meinungsfreiheit gedeckt. Deswegen grölen Neonazis das gern bei ihren Demos – ist legal und trotzdem eindeutig. Und solange man ihnen nicht nachweisen kann, dass sie dabei rassistische Abschiebungsphantasien gegen eine pauschale Gruppe hegen, ist das gedeckt von der Meinungsfreiheit. Man darf also so ziemlich alles sagen, außer den Dingen, die wirklich niemand sagen sollte, der bei Verstand ist.

2. Wenn eine Meinung nur von ultrarechten Medien wiedergegeben wird, dann ist das kein Beweis für die eingeschränkte Meinungsfreiheit. Denn wir reden hier nicht von einer Ansichtssache, sondern von einem Grundrecht, das besagt: Der Staat darf niemanden wegen ihrer*seiner Meinung verfolgen und bestrafen. Meinungsfreiheit heißt nicht, dass jedes Medium jede noch so absurde Ansicht wiedergeben muss. Und schon gar nicht, dass jede*r in den sozialen Medien jede*n nach Lust und Laune beschimpfen darf.

3. Wer unbedingt Menschen und ganze Gruppen beleidigen will, kann das tun, soll dann aber bitte nicht rumheulen, wenn das jemand kritisiert. Die »Sprachpolizei« kommt dann halt.

Wenn wir ehrlich sind, ist es doch so: Wer sich über politische Korrektheit aufregt, will rassistische Äußerungen machen können, ohne dafür kritisiert zu werden. Ohne als rücksichtslos, rassistisch oder sexistisch zu gelten.

Es gibt natürlich auch deutlich weniger radikale Skeptiker: Manche denken, politische Korrektheit brauchen wir nicht, weil niemand mehr Schwarze Menschen oder Roma mit Schimpfwörtern versieht, außer ein paar Neonazis. Nach dem Motto: die eine »Mohrenapotheke« in der Stadt wird man ja wohl noch verkraften. Aber wahrscheinlich bemerken es diese Leute einfach nicht, wenn die Begriffe fallen. Falls Sie sich mal ein Bild davon machen wollen, wie verbreitet rassistische Schimpfwörter sind, geben Sie eins davon beim Versandhändler »Amazon« ein. Was da alles angeboten wird, ist erschütternd. Aber nicht nur im Internet, auch im Fernsehen, in Redaktionskonferenzen oder beim Notar sind mir die Verunglimpfungen schon begegnet. Immer quasi nebenbei. Ich will gar nicht wissen, wie oft sie kämen, wenn sie nicht tabu wären.

Es gibt da eine Geschichte, die mir nicht aus dem Kopf geht. Vor ein paar Jahren hatten sich der Autor Otfried Preußler und der Thienemann Verlag bereit erklärt, die Wörter »N***lein«, »Türken«, »Zigeuner« und andere Begriffe im Buch »Die kleine Hexe« zu streichen. Zuvor wurde auch schon das Kinderbuch »Pippi Langstrumpf« politisch korrigiert: Aus dem N-König wurde ein Südseekönig. Daraufhin plädierte die Wochenzeitung »Die Zeit« dafür, die Originalwörter in Kinderbüchern stehen zu lassen. Sie druckte im Januar 2013 eine Titelseite mit einem blauen Buch, auf dem in großen Buchstaben stand: »**Kinder, das sind keine N***!**« Natürlich ausgeschrieben. Die Zeitung widmete dem Thema mehrere Seiten, in denen sie das üble Schimpfwort fast 50-mal ausschrieb (auf einer Seite ganze 23-mal). Eine geschmacklose Machtdemonstration mit verbaler Gewalt. Ein interviewter Psychologe sprach von »Zensur«, ein Journalist regte sich – ja wirklich – über die Aggressivität der N-Wort-Kritiker auf.

Obwohl uns noch keine Rechtspopulisten vor sich hertrieben, setzten sich mehrere Autoren im Jahr 2013 in einem seriösen Medium für das Recht ein, rassistische Schimpfwörter zu verwenden, ohne gleich Kritik zu ernten. Weil man das früher eben so sagte, ohne es böse zu *meinen*. Und weil der Kinderbuchautor ein guter Mensch war. Weil man den Kindern den Kontext ja erklären könne.

Wie kann man darauf beharren, das N-Wort in Kinderbüchern zu benutzen? Es gab niemals, wirklich niemals, einen Kontext, in dem das Wort keine Erniedrigung und Beleidigung war. Es stand schon immer in direktem Zusammenhang mit Gewalt, Sklaverei und Kolonialismus. Nur waren wir früher eben noch nicht – Achtung – politisch korrekt. Es wurde keine Rücksicht auf die Sichtweise von Schwarzen

Menschen genommen, weil Schwarze Menschen nicht als Gleichberechtigte gesehen wurden und leider nichts zu melden hatten. Heute ist das anders. Das ist großartig und kein Weltuntergang.

Ich mag »Die kleine Hexe«. Und auch ich fühlte mich ertappt: Mir waren die bösen Wörter vorher nicht aufgefallen. Bei Pippi auch nicht. Ja und? Deswegen stemme ich mich doch nicht dagegen, dass sie in künftigen Auflagen durch andere Wörter ersetzt werden. Das ganze Buch ist längst anders formuliert als in der Erstauflage 1957. Unsere Sprache ändert sich nun mal und der Common Sense für Anständigkeit auch.

Aber machen wir uns nichts vor: In Sachen politischer Korrektheit gibt es einen Rollback. Zwei Schritte vor, einen zurück. Es werden wieder eine ganze Menge Dinge gesagt, die Politiker*innen vor zehn Jahren vermutlich nicht so leicht über die Lippen gekommen wären. Da wären zum Beispiel entmenschlichende Bilder wie *Asyltourismus, Flüchtlingswelle, Flüchtlingsinvasion* oder *muslimische Masseneinwanderung*. Auch Umfragen zur Angst vor »Islamisierung« und Studien zum Thema »Überfremdung« gehören inzwischen zum Alltag.

Umso schlimmer, dass viele Menschen die politische Korrektheit abgeschrieben haben. Ich finde, wir sollten sie uns zurückholen. Sie steht für die grundsätzliche Haltung, respektvoll miteinander und mit der Vielfalt in der Gesellschaft umzugehen. Es lohnt sich, Worte zu hinterfragen, zu sagen, wenn man etwas diskriminierend findet und sich konstruktiv zu streiten. Es ist wichtig, bei menschenverachtender Sprache kein Auge zuzudrücken und sie nicht einfach stehen zu lassen.

Ich bin selbst auch manchmal sprachlich verunsichert, wenn ich in Gruppen unterwegs bin, in denen ich mich nicht so gut auskenne. Darf man *Lesbe* und *Schwuler* sagen? Ist es politisch korrekt, jemanden *behindert* zu nennen? Ist *ältere Herrschaften* unsensibel gegenüber Senioren? Niemand weiß in allen Bereichen Bescheid, muss man auch nicht. Wer Menschen sprachlich mitnehmen will, statt sie zu verprellen, kann einfach fragen oder durch genaues Zuhören lernen.

Grundsätzlich gilt: Es gibt keine universellen Regeln für politische Korrektheit. Es geht erst mal um die Bereitschaft, rücksichtsvoll miteinander umzugehen und offen zu sein, wenn jemand eine Formulierung kritisiert. Und Schimpfwörter von der Karte zu streichen.

Wie ich in diesem Buch gendere

Eine zentrale Frage beim Thema politische Korrektheit ist, ob man Frauen und andere Geschlechter bewusst anspricht. Die meisten Menschen verwenden nur die männliche Form von Worten und meinen Frauen – und hoffentlich auch andere Geschlechter – mit. Das nennt sich »generisches Maskulinum«. Richtig absurd wird das, wenn eine Kursleiterin im Frauenfitness-Studio sagt: »*Jeder* nimmt sich jetzt *seine* Matte und legt sich schon mal hin, wenn *er* mag.« Da werden 100 Prozent der Anwesenden mitgemeint. Ich erlebe das regelmäßig.

Da es nicht nur männlich und weiblich gibt, verwenden viele Menschen, die politisch korrekt und aufmerksam sein wollen, *Sternchen* (Leser*innen) oder Unterstriche (Leser_innen), die symbolisch für alle weiteren Geschlechter stehen. Ich arbeite in diesem Buch mit neutralen Formulierungen (*Neunmalkluge* statt *Besserwisser*) und Sternchen.

Ich verwende das Sternchen aber nur, wenn das Wort im Plural und in der männlichen Form identisch sind – ein männliches Wort für alle geht nicht. Also: der *Politiker*, die *Politiker* – bei mir sind es dann die *Politiker*innen*. Wenn die Endungen abweichen, verwende ich kein Sternchen: der Journalist, die Journalistin, im Plural: die *Journalisten*. Oder: Muslim, Muslima, Muslime. In diesen Fällen betrachte ich das als universelle Pluralendung. Ich finde das eine gute Lösung für den Lesefluss und hoffe, es fühlen sich alle angesprochen.

TEILEN LERNEN: DIE ZEIT DES *WEISSEN* MANNES IST VORBEI

Vorschlag Nr. 4

Wer Integration fordert, muss Platz machen im Clan der Deutschen und lernen zu teilen. Nicht nur Jobs auf dem Bau – auch die Chefposten

Manche finden ja, früher war alles besser. Mit früher sind vermutlich die 1950er und 1960er Jahre gemeint – Wirtschaftswunder, Vollbeschäftigung, Frauen am Herd, Migranten unsichtbar. Es war aber auch die Zeit, als Frauen per Gesetz für den Haushalt zuständig waren und viele von ihnen noch »Frauengold« in sich reinkippen mussten, um den biederen, patriarchalen Alltag auszuhalten. Und es war die Zeit, als Gastarbeiter die Drecksarbeit machten und keine Ansprüche stellten, weil sie nicht Deutsch konnten.

Früher war alles besser? Das gilt höchstens für *weiße* Männer.

Ich finde, heute ist vieles besser: Vergewaltigung in der Ehe ist strafbar, Frauen mischen überall mit, regieren sogar das Land. Auch in Einwandererfamilien hat sich viel getan. Bindestrich-Deutsche machen Abitur, leiten Theater und besetzen politische Ämter. Sie werden sichtbar. Die Vergangenheitsromantiker müssen der Realität ins Auge blicken: Die goldene Zeit des *weißen* Mannes ist vorbei.

Je weiter die Frauen und Migrantisierten in der Gesellschaft aufsteigen, desto mehr Ansprüche stellen sie. Nicht alle, die sonst laut »integriert euch« rufen, finden das gut. Dass Frauen gleiche Rechte haben, stellt zum Glück kaum noch jemand in Frage. Bei Migranten und ihren Nachkommen ist das anders: Hier sind sich keineswegs alle einig, dass sie gleichgestellt sein sollen. In einer repräsentativen Studie von 2016 stimmten 35 Prozent der Befragten dem Satz zu: **»Wer schon immer hier lebt, sollte mehr Rechte haben, als die, die später zugezogen sind.«** Mit anderen Worten: Ein erheblicher Teil der Bevölkerung wünscht sich Privilegien für Wurzeldeutsche.[8]

Die Wissenschaft nennt das »Etabliertenvorrechte«. Klingt harmlos. Ist es aber nicht. Die Idee, wer zuerst hier war, darf mehr, verstößt gegen die Werte unserer Verfassung. Und sie stinkt nach völkischer Befindlichkeit. Denn was bitte heißt »schon immer hier«? Bin ich schon immer hier? Wohl kaum. Mit »immer« ist nicht nur das eigene Leben, sondern die Sache mit den Vorfahren gemeint. Deswegen reden wir ja auch ständig davon, wo jemand herkommt. Weil es einen Unterschied macht. Manche finden offenbar, zu einer pluralen Gesellschaft gehören ungleiche Chancen. Denn gleiche Chancen hieße: **teilen**.

Wir müssen darüber reden, dass ein Teil der Gesellschaft findet, es sei in Ordnung, Migranten zu diskriminieren. Denn genau darum geht es den Leuten mit den Etabliertenvorrechten: Sie wollen diskriminieren können, ohne schlechtes Gewissen.

---

8 Friedrich-Ebert-Stiftung (Hrsg.): »Gespaltene Mitte, Feindselige Zustände. Rechtsextreme Einstellungen in Deutschland«, 2016, Seite 46

Die Politik muss klarstellen:
Mihigrus steht das Gleiche zu

Auf Dauer geht es nicht gut, wenn die Politik das mit den Etabliertenvorrechten schleifen lässt. Ähnlich wie die Frauen in den 1970er Jahren emanzipieren sich auch die Mihigrus immer mehr: Warum sollen sich Menschen mit Migrationszusatz auf Dauer mit weniger zufrieden geben und ewig dankbar sein? Für diese Erwartung gibt es – Achtung, es kommt – außer Rassismus keine rationale Erklärung. Und bei diesem Rassismus geht es nicht um »Ausländer raus«-brüllende Neofaschos, sondern um alle, die solche Vorrechte in Ordnung finden.

So wie beim Thema Sexismus müsste die Politik eigentlich klarstellen, dass es inakzeptabel ist, wenn jemand mehr Rechte für Biodeutsche fordert. Als die Frauen Männerdomänen eroberten, fühlten sich die Herren der Schöpfung ja auch *fremd* in der eigenen Komfortzone. Aber es gibt einen politischen Konsens, um den sie nicht herumkommen: Die Y-Chromosom-Träger müssen lernen, dass sie nicht immer die erste Geige spielen können.

So einen Konsens brauchen wir auch in Sachen Einwanderungsland. Es ist nicht in Ordnung, dass in vielen wichtigen Bereichen fast nur *weiße* Deutsche unter sich bleiben. Und es ist ihr Problem, wenn sich Leute fremd fühlen, sobald es mal ein Probedeutscher mit *fremdländischen Wurzeln* oder eine waschechte Ausländerin in die Runde schafft. Oder sogar zwei, drei oder mehr. Die Politik muss klarstellen, dass die deutsche Gesellschaft heute so aussieht und dass Mihigrus und überhaupt allen die gleichen Rechte zustehen.

Stattdessen diskutieren wir die Sache mit der Teilhabe ergebnisoffen und zögerlich. *Wenn sich Deutsche schon fremd fühlen im eigenen Land, dann ging das mit der Fairness für Vielfaltsdeutsche vielleicht etwas zu schnell.* Fast jede Partei wirbt mit ein paar markigen Sprüchen um die »besorgten« Rassisten: *Die Migranten müssen sich erst mal an unsere Regeln halten! Wir können nicht alle aufnehmen! Wer sich nicht benimmt, wird abgeschoben.* Ständig schwingt die AfD-Keule über den Debatten: jetzt bitte nicht »Rassismus« sagen, sonst verliert man womöglich noch mehr Leute. So denken auch viele Journalist*innen: Bloß nicht vor den Kopf stoßen, sonst driften sie ab. Samthandschuhe bitte. Rassisten sind zerbrechliche Wesen.

Was mich dabei nervt: Viele sind zögerlich mit Rassismus-Vorwürfen, aber völlig schmerzfrei im Umgang mit »Überfremdungsgefühlen«. Da kann man mir viel erzählen, aber für mich klingt das nicht nach Ängsten, sondern nach einem Code für »Deutschland den Deutschen«. Seit Jahren müssen wir uns das Weltuntergangsgeheule wegen zu vieler Mihigrus anhören. Aber damit riskiert man, Millionen von Migranten und Neuen Deutschen vor den Kopf zu stoßen. Ach was, riskiert. Damit stößt man sie vor den Kopf. Ich kenne so viele People of Color und Schwarze Menschen, mich eingeschlossen, die in den letzten Jahren ratlos auf die politischen Debatten geblickt haben. *Worüber redet ihr da?*

So verliert man auch Leute. Ich frage mich, ob das den Parteien egal ist oder ob sie es noch nicht bemerkt haben. Die einzigen, die die Sehnsucht nach einer klaren Kante für Vielfalt und Einwanderung verstanden haben, sind offenbar die Grünen, deren Partei gerade ziemlich stark von der Polarisierung profitiert.

Es ist nicht nur aus moralischen und demographischen Gründen falsch, die Sache mit den Etabliertenvorrechten ergebnisoffen zu diskutieren. Wenn Sie mich fragen, führt genau das zum Auseinanderdriften unserer Gesellschaft: Nicht die paar Neorechten, die irgendwas gegen Migranten und Muslime skandieren, sondern, dass viel zu viele in der Politik bei völkischen Debatten keine klare Kante zeigen. Rassismus ist erschreckend salonfähig und bleibt erstaunlich oft unwidersprochen.

Ich will jetzt kein Drama daraus machen. Natürlich gibt es eine Mehrheit im Land, die Vielfalt selbstverständlich findet und kein Problem damit hat zu teilen. Rund zwei Drittel scheinen das so zu sehen. Man könnte also sagen: Die Gesellschaft ist schon so weit. Aber ich bin mir nicht sicher, ob das auch für die Mehrheit in der Politik gilt. Und in den Personalstellen. Bei denen, die Platz machen müssen. Ich glaube, da müssen viele das erst noch sacken lassen. Sie müssen lernen, Sichtbarkeit, Emanzipation und Mitsprache zuzulassen und als Fortschritt zu verstehen.

Sichtbarkeit: Platz da, jetzt kommen wir

In den Parlamenten, Behörden, Redaktionen, Lehrerzimmern, Aufsichtsräten und so weiter finden sich vor allem Wurzeldeutsche wieder. Im Berufsleben gilt: Je höher, desto männlicher und *weißer*. Allerdings weiß niemand so genau, wie *weiß* es bei uns zugeht. Es gibt keine umfassenden, repräsentativen Untersuchungen über Diskriminierung und Teilhabe in wichtigen Bereichen. Die wenigen Daten, die vorliegen, sind punktuelle Momentaufnahmen, aber sie zeigen alle, dass *Deutschstämmige* noch überwiegend unter sich sind. Sie haben bislang wenig Platz gemacht für Neulinge. Also bleibe ich dabei, bis mir jemand das Gegenteil beweist: Die Bereitschaft zu teilen ist gering.

Um das zu ändern, gibt es zwei radikale Möglichkeiten:

A) Wir reden über Quoten. Wir definieren mit einer Zahl, wie hoch die Bereitschaft zu teilen mindestens sein muss. Zum Beispiel 25 Prozent Mihigrus im Team (am besten nicht nur weiße Halbschweden und Schweizer*innen). Das Gute an der Quoten-Debatte: Sie macht wach und alle haben eine Meinung dazu. Das Schlechte daran: Die Allergie gegenüber Quoten ist noch heftiger als die gegenüber Rassismus. Falls man Konservative nicht schon vorher verloren hat, verliert man sie spätestens hier.

B) Oder: Wir verabschieden uns endlich vom abstammungsdefinierten »Wir« mit dem ganzen Wurzelblabla und werden ein modernes Einwanderungsland, in dem sich auch People of Color und Schwarze Menschen auf allen Ebenen wiederfinden. Mir ist diese Möglichkeit sympathischer. Eine offene Gesellschaft braucht ein »Wir« ohne völkischen Ballast. Das bedeutet aber offensive Arbeit an unserem Selbstverständnis, vor allem für die Politik.

Die Wissenschaft hat schon vor Jahrzehnten darauf hingewiesen, dass das mit der Integration nicht so eindimensional funktioniert, wie wir uns das vorstellen. Dass sich im Einwanderungsland auch die *Aufnahmegesellschaft* integrieren muss. Der Migrationsforscher Klaus J. Bade sagte dazu den viel zitierten Satz »Integration ist keine Einbahnstraße«. Er meinte damit: Wer Integration verlangt, muss Platz machen im Clan der Deutschen und sich verabschieden von der völkischen Wiedererkennung durch blond und blauäugig. Und: Integration muss ein Ziel haben, zum

Beispiel, dass man nach absehbarer Zeit ein Teil dieses »Wir« werden kann. Also Deutschsein – ohne Wenn und Aber.

Die Politik hat das interessiert zur Kenntnis genommen, aber offenbar nicht richtig verstanden. Sie hat den Einbahnstraßen-Satz in die Floskel »fördern und fordern« übersetzt, die bereits in der Sozialpolitik angewendet wurde. Nach dem Motto: Hier gibt's nichts geschenkt. Unser »modernes« Integrationsverständnis lautet: Du musst dich anstrengen, dann wirst du irgendwann ein gut integrierter Deutsch-Ausländer, und wir helfen dir dabei mit Orientierungs- und Sprachkursen. Von Umdenken und Platzmachen keine Rede.

Emanzipation: Integrierte wollen mehr, also gibt es Stress

2018, kurz nach dem Özil-Rückritt, kam ein Buch auf den Markt, das eine versöhnliche These für die aktuellen Konflikte bot. »Das Integrationsparadox« von Politikwissenschaftler Aladin El-Mafaalani ist das Sachbuch zu den Gefühlen der Stunde. Seine Interpretation der aufgeheizten Stimmung geht so: Gerade weil die Integration der Migranten und ihrer Nachkommen heute so fortgeschritten ist wie nie, gibt es Streit. Weil sie (also wir) mehr mitreden und dazugehören wollen. Ziviler Ungehorsam als Zeichen der gelungenen Integration – die Idee gefällt mir.

El-Mafaalani schreibt, dass meine Generation mehr moniere, obwohl die reale Diskriminierung abnehme. Das ist spannend: Mehr Ärger, trotz weniger Nachteile? Er führt das auf den gestiegenen Anspruch der Neuen Deutschen zurück. Ich würde eher sagen, Rassismus und Diskriminierung kommen heute einfach anders daher. Die Neorechten sagen nicht mehr »Kanake«, die moderne Variante lautet »Passdeutsche«. Man sagt den Leuten nicht mehr ins Gesicht, dass sie eine Wohnung nicht bekommen, weil sie »Ausländer« sind. Aber nur weil etwas nicht mehr so brutal ist, gibt es nicht weniger Grund zum Protestieren. Wie bei den Frauen: Niemand wundert sich, dass sie noch gleichen Lohn fordern, wo sie doch gesetzlich nicht mehr schlechter gestellt sind als Männer. Es ist weniger schlimm, aber noch lange nicht in Ordnung.

Trotzdem hat El-Mafaalani natürlich recht: Früher hätten wahrscheinlich mehr als die Hälfte der Leute gesagt: *Wer schon immer hier ist, soll mehr dürfen.* Heute rege ich mich über eine Minderheit auf, die sich noch ungeniert Privilegien wünscht. Die Erwartungen an die deutsche Gesellschaft sind gestiegen.

Das und die unaufhaltsame Integration der Mihigrus führt bei manchen zu Gefühlswallungen wie Heimatverlust und völkischem Herzschmerz. Oder akademisch ausgedrückt: Fortschreitende Integration baut Rassismus nicht ab, sondern befördert ihn. Wenn Mihigrus sich emanzipieren, führt das zu Abwehr bei manchen Ureinheimischen. Aladin El-Mafaalani sieht darin eine zusammenwachsende Gesellschaft auf dem »Weg hin zu einer offenen Gesellschaft«.

Die Debatte über »Überfremdungsangst« als Fortschritt zu sehen, fällt mir ehrlich gesagt schwer. Ich finde: wer »integriert euch« fordert, muss damit klar kommen, wenn Integrierte Ansprüche stellen. Aber positiv auf die Sache zu blicken hat etwas. Und es stimmt: Als ich vor 15 Jahren als Praktikantin in den Journalismus einstieg, drehten sich die Desintegrationsdebatten fast nur um Sprachprobleme und Ehrenmorde. Inzwischen geht es auch um Rassismus und darum, wie man desintegrierte Volldeutsche auf den Boden der demokratischen Werte zurück holt. Zumindest ab und zu.

Deutungshoheit: Wer bestimmt, wer wie bezeichnet wird?

Weiße Deutsche weigern sich hartnäckig, eine Bezeichnung für ihre Gruppe zuzulassen. Für Leute wie mich, die Anderen, gibt es unzählige Worte: Wir haben *Wurzeln, Hintergründe, Stämme, Migrationshintergründe* oder man nennt uns *Migranten, Ausländer, Zuwanderer oder Flüchtlinge*. Sogar der Widerspruch

Ausländer mit deutschem Pass findet sich noch in den Medien. Nach dieser Logik müsste die Binnengruppe eigentlich »echte Volksdeutsche« heißen oder weniger hardcore: »Deutsche ohne Migrationshintergrund«. Aber selbst das taucht in den öffentlichen Debatten so gut wie nie auf. Da heißt es nur »Deutsche«.

Die Weigerung, die eigene Gruppe zu benennen, wird besonders deutlich, wenn Mihigrus mal mit »Alman« oder »Kartoffel« kontern. Das sei nicht nett, finden manche. Ganz Sensible finden das sogar *rassistisch* diskriminierend, weil Schulkinder als »Kartoffel« beschimpft und gemobbt werden. Natürlich ist es völlig inakzeptabel, wenn Kinder so beschimpft werden. Aber es werden leider auch Kinder als »Jude« oder »Homo« beschimpft, deswegen sind die Begriffe noch nicht rassistisch. Und Kartoffel wird meistens humorvoll verwendet. Niemand würde in einem amtlichen Papier oder Parteiprogramm »deutsche Kartoffeln« schreiben. Merkwürdig, dass die meisten politisch korrekten »Kartoffel«-Gegner*innen bei anderen Gruppen weniger sensibel reagieren. Wer schon ein allseits beliebtes Nachtschattengewächs als kränkende Zuschreibung empfindet, müsste doch sofort verstehen, dass bei kolonialgeschichtlichen Schimpfwörtern eine rote Linie überschritten wird.

Ganz egal wie man zum Knollen-Diskurs steht: Das eigentliche Thema dahinter ist, dass manche die Deutungshoheit nicht abgeben wollen. Wer in

Deutschland wen als was bezeichnet, bestimmt immer noch die »Mehrheitsgesellschaft« – also die *weißen* Deutschen. Es gibt schließlich Bürger*innen und Mitbürger*innen.

Genau von diesem hohen Ross müssen die Wurzelteutonen endlich runterkommen: In einer Einwanderungsgesellschaft kann nicht eine Gruppe allein bestimmen, wie alle bezeichnet werden. Auch nicht, wenn sie in der Mehrheit ist. Das Suppengrün redet im Kartoffel-Diskurs mit. Das ist jetzt so.

HEIMAT WOVON?
MEIN VORSCHLAG

Heimat ist für
die meisten Menschen
ein Ort oder ein Gefühl.
Wenn Politik Gefühle
ministrabel machen will,
dann am besten welche,
die sich in die Zukunft richten
und nicht zurück.

Im Juni 2018 habe ich aus den Medien erfahren, dass Bundesinnenminister Horst Seehofer nicht am Integrationsgipfel teilnehmen will – wegen mir. Ich bin fast vom Hocker gefallen. Eigentlich sollte ich laut Programm bei der Veranstaltung im Kanzleramt nach ihm reden, als Vertreterin meines Vereins »Neue Deutsche Organisationen«. Das Thema des Gipfels: Heimat, Werte und gesellschaftlicher Zusammenhalt. Also Seehofers Zuständigkeitsbereich. Er hatte erst wenige Monate vorher sein neues Amt angetreten und eine Abteilung namens »Heimat« geschaffen.

Als Grund für seine Absage nannte Seehofer einen Kommentar, den ich kurz zuvor zur Heimat-Debatte geschrieben hatte und durch den er sich verunglimpft fühlte. Wahrscheinlich hatte seine Entscheidung auch damit zu tun, dass er mitten in einem Koalitionskrach mit Gastgeberin Angela Merkel steckte. Aber offiziell nannte er mich als Grund. Ich hätte seine Politik in die Nähe des Nationalsozialismus gerückt. Krass.

In der Zeitung der Amadeu Antonio Stiftung hatte ich geschrieben, dass der Begriff »Heimat« in der Politik mit Vorsicht zu genießen ist. Meine Argumente bezogen sich ausschließlich auf die aktuelle Debatte, sie waren nicht historisch. Wieso also »Nationalsozialismus«? Wie käme ich dazu, Seehofers bis dahin untätiges Heimatministerium mit dem dunkelsten

Kapitel unserer Geschichte zu vergleichen? Der Minister hatte sich vor allem an drei Wörtern in meinem Text aufgehängt: »Blut und Boden«.

Ich hatte geschrieben:

> »[...] Wir reden erst über Heimatsehnsucht, seit viele Geflüchtete gekommen sind. Politiker, die derzeit über Heimat reden, suchen in der Regel eine Antwort auf die grassierende *Fremdenangst*. Doch das ist brandgefährlich. Denn in diesem Kontext kann Heimat nur bedeuten, dass es um Blut und Boden geht: Deutschland als Heimat der Menschen, die zuerst hier waren. [...]«

Es folgten noch 250 andere Wörter, bevor Seehofers Name fiel, aber das ist nicht so wichtig. Viel spannender ist, was die Debatte zeigt: Für Seehofer und viele Menschen in Deutschland hat *Blut und Boden*-Denke ausschließlich mit den Jahren 1933 bis 1945 zu tun. Aus meiner Sicht – und der vieler migrantisierter Menschen – nicht. Wir erleben, dass es die fantasierte Einheit von Rasse und Raum auch heute noch gibt. Bei Neonazis ganz besonders, aber eben nicht nur da.

»Kümmere dich doch um dein Land!«

Seit April 2018 schreibe ich eine Kolumne bei Spiegel Online. Sie heißt »Heimatkunde«. Ich fand das passend, wegen dem Heimat-Hype in der Politik, der Anspielung auf das verstaubte Schulfach und ja, weil ich klarstellen wollte, dass ich über meine Heimat schreibe. Doch diese Botschaft kommt nicht bei allen an. Jedes Mal, wenn ein Kolumnentext erscheint, bekomme ich von Leser*innen die Frage gestellt: »Warum schreiben Sie nicht über die Türkei und die Probleme dort?« Ich würde ja zurückfragen, »Warum sollte ich?«, aber die Antwort ist klar. Auch meiner Kollegin Margarete Stokowski wird oft nahegelegt, sie möge lieber über die Situation in Polen schreiben als über Sexismus in Deutschland. Damit ist gemeint, dass wir uns erst mal um *unser eigenes Land* scheren sollen, bevor wir etwas über unser Gastland sagen.

Das kann man natürlich als radikale Position abtun und nicht weiter beachten. Aber ich fürchte, so einfach ist das nicht. Nicht nur die völkischen Vielfalts-Grumpies tun sich mit meinungsstarken Kommentaren von Leuten wie mir schwer – viele Menschen lesen meine Texte als Einwürfe einer »Migrantin«. Wenn meine Kollegen Thomas, Sascha oder Christian in ihrer Kolumne etwas monieren, gilt das als Kritik aus den eigenen Reihen. Aber bei mir fühlen sich viele

»von außen« angegriffen. Dabei sind meine Kommentare genauso Innenansichten.

2013 untersuchte eine repräsentative Studie, was die Menschen in Deutschland unter nationaler Identität verstehen. Die Wissenschaftler*innen fragten auch, wie wichtig »deutsche Vorfahren« fürs Deutschsein sind. Fast 38 Prozent der Wurzeldeutschen und 34 Prozent der Mihigrus fanden einen teutonischen Stammbaum entscheidend. Immerhin: zehn Jahre zuvor waren es deutlich mehr, fast jede*r Zweite.[9]

Noch immer gilt: Unsere Wahrnehmung von Zugehörigkeit in Deutschland hat viel mit Genen zu tun. Deutsch ist, wer zuerst hier war und also schon immer von hier ist. Viele glauben an ein einheimisches Volk (»Deutsche« genannt), das sich nicht verändert, auch dann nicht, wenn Migranten dazukommen (die dauerhaft erkennbar bleiben an ihrem »Migrationshintergrund«). Deswegen wird als Beispiel für deutsche Leitkultur auch nie etwas genannt, das typisch für die multikulturelle Gesellschaft wäre. Zur Leitkultur gehören immer nur Dinge, die es mutmaßlich schon gab, bevor die Migranten kamen.

---

9 Coşkun Canan und Naika Foroutan: »Deutschland postmigrantisch III. Migrantische Perspektiven auf deutsche Identitäten«, 2016

Man muss diese Haltung nicht »Blut und Boden«-Denke nennen, natürlich ist das eine fiese Nazi-Keule. Aber falsch ist es auch nicht. Zu glauben, alles Ideologische der Nazis sei historisch überwunden, ist ein Fehler und Teil unseres Problems. Das Erbe der völkischen Bewegung, die älter ist als die Nazis und sie leider überlebt hat, sitzt tief.

1988 verfasste das Bundesinnenministerium unter Friedrich Zimmermann (CSU) einen Entwurf für eine Reform des Ausländerrechts. Darin hieß es, zu viel Einwanderung bedeute »den Verzicht auf die Homogenität der Gesellschaft, die im Wesentlichen durch die Zugehörigkeit zur deutschen Nation bestimmt wird.« Mit anderen Worten: Zu viele Migranten machen das Deutschsein kaputt. Ich war acht Jahre alt, als das Bundesinnenministerium diese Linie vertrat. Und wenn ich mir die aktuellen Einwanderungsdebatten so anschaue, denken immer noch einige Menschen so.

Zurück zu Seehofer und der Heimat-Debatte: Wir leben in einer Zeit, in der man im ganz normalen Buchhandel Lesestoff bekommt, der von der schleichenden »Umvolkung« der Deutschen durch Migranten fabuliert. In der ein AfD-Chefpopulist den Nationalsozialismus als historischen »Vogelschiss« bezeichnet und seine Partei in den Umfragewerten steigt. Wer mitten in diesem politischen Rechtsruck »Heimat« zur ministrablen Vokabel macht, muss wissen, dass das Geschmäckle hat, und sollte bereit sein, darüber zu diskutieren. Schließlich ist auch dieses Wort mit Nazi-Balast beladen. Es ist kein Zufall, dass die Neonazis von der NPD ihre Partei als »soziale Heimatpartei«, ihre Haltung als »heimattreu« und ihre Patrouillen als »Heimatschutz« bezeichnen. Bei denen, die das Wort nicht national-völkisch verwenden, steht es meistens für ein Gefühl, einen Ort oder eine Erinnerung an früher. »Heimat« steht im besten Fall für die Sehnsucht nach der guten alten Zeit. Das ist nicht schlimm. Aber zum Politikum – zumal auf Bundesebene – sollte man das nicht machen. Wer trotzdem ausgerechnet jetzt »Heimat« als politischen Begriff progressiv besetzen will, müsste erst mal eine Imagekampagne starten. (Die einzige Kampagne, die ich vom Heimat- und Innenministerium bisher kenne, waren Plakate mit der Aufschrift: »Dein Land. Deine Zukunft. Jetzt.« Wäre es eine Heimatkampagne gewesen, hätte das vielleicht Charme gehabt, aber sie richtete sich laut Ministerium an »ausreisepflichtige Personen«, die 2018 freiwillig heimgehen sollten. Eine »Ausländer, bitte raus«-Kampagne quasi.)

Meine Haltung dazu ist klar: Statt Begriffe wie Heimat zurückzuerobern, sollte die Politik lieber nach vorne gerichtete Konzepte anbieten und daran arbeiten, dass wir endlich ein Einwanderungsland mit Zuversicht werden. Dass wir akzeptieren, wer wir sind: eine fortgeschrittene und moderne Einwanderungsgesellschaft im Umbruch.

Ich glaube, dass es gerade ein guter Zeitpunkt dafür ist. Denn trotz des Rechtsrucks darf man nicht vergessen: Die deutsche Gesellschaft ist einen weiten Weg gegangen. Die meisten Menschen stehen hinter der offenen Gesellschaft, die wir sind, mit all ihren Herausforderungen und Problemen. Die Mehrheit ist nicht migrationsfeindlich und wählt keine Rechtspopulisten. Die Unteilbar-Demo mit 240 000 Menschen war 2018 die größte Demonstration seit vielen Jahren. Und ich schreibe dieses Buch nicht, weil ich finde, dass die deutsche Gesellschaft pauschal ein Problem hat (mir wird ja von spaßfreien Ultrarechten gern mal »Deutschenhass« unterstellt). Ich schreibe diese Streitschrift, weil ich den Eindruck habe, dass viele Entscheidungsträger*innen nicht richtig auf den Rechtsruck reagieren. Sie haben sich in Debatten über Migrationsbegrenzung, Abschiebungen und Integrationsverweigerung verzettelt.

Wir brauchen ein neues Selbstbild

Viele in der Politik begehen den Fehler, die unterschwellige völkische Haltung zu ignorieren oder sogar zu bestärken, während sich die Gesellschaft rasant verändert. Das kann auf Dauer nicht gut gehen. Wie wäre es stattdessen mit einer **neuen Narrative**, die einen gelassenen, positiven Blick auf unser Land bietet? Eine Heimat-Idee, die alle mitnimmt – die Schonimmerhiergewesenen, die Zugewanderten und ihre Kinder, die Ostdeutschen und die Westdeutschen. Eine postmigrantische, postvereinigte Erzählung, an der man gern teilhat. Man stelle sich vor, wir hätten im kollektiven deutschen Bewusstsein Folgendes verinnerlicht:

> *Deutschland ist ein Land, das viel aus seiner Geschichte gelernt hat. Wir haben eine wehrhafte Demokratie und eine offene Gesellschaft. Die vielen Millionen Migranten haben das Land mit aufgebaut. Unsere Gesellschaft ist von Migration geprägt – und das ist gut so. Was uns vereint, sind die deutsche Sprache, die Gesetze und unsere Verfassung. Gemeinsam sind wir Deutschland.*

... oder so ähnlich. Am genauen Text können Experten ja noch feilen.

Eine offene, vielfältige Gesellschaft ist bestimmt kein Selbstläufer. Keineswegs. Es gibt Stress, es gibt Streit und die Politik muss harte Auseinandersetzungen führen. Aber andererseits: Die harten Auseinandersetzungen führen wir längst, immer dann, wenn es einen völkischen Tabubruch gibt und empörte Reaktionen folgen. Viel galanter wäre es, das Zepter in die Hand zu nehmen und die Fragen rund ums Einwanderungsland ohne völkische Impulse zu diskutieren. Statt uns in Debatten über »Kulturkämpfe« zu verstricken, brauchen wir einen politischen Konsens für eine offene Demokratie mit klaren Spielregeln: Menschenverachtende und grundgesetzwidrige Ansichten sind keine Option, egal wie viele Menschen ihnen in Umfragen zustimmen.

Den größten, wichtigsten Schritt haben wir schon geschafft: vor etwa 20 Jahren haben wir eingesehen, dass wir ein Einwanderungsland sind. Halleluja! Fanfare! Chapeau! Das war der helle Wahnsinn und wurde viel zu wenig gewürdigt. Doch dann ist diese Einsicht irgendwo zwischen 2015 und heute verloren gegangen. Vielleicht auch deshalb, weil wir uns seit Jahren davor drücken, an einer neuen Narrative zu arbeiten: Wer sind wir, was macht uns aus? Was heißt das nun, dass Deutschland ein Einwanderungsland ist? Die Sozialwissenschaftlerin Naika Foroutan und andere Neue Deutsche plädieren schon lange für ein »Leitbild«, das nach vorne blickt, statt einer rückwärtsgewandten Leitkultur.

Der Autor Max Czollek schlägt vor, dass wir Deutschland als »Ort der radikalen Vielfalt« anerkennen. Ein Land, das ohne die *eine* identitäre Zugehörigkeit auskommt, ohne Heimat-Volk und Leitkultur. Deutschland als *Heimat der radikalen Vielfalt*? Da bin ich dabei. Schluss mit der Wurzelmanie! Wir brauchen ein republikanisches Bild vom Deutschsein.

Im Heimat-Artikel für die Amadeu Antonio Stiftung hatte ich außerdem folgende Punkte vorgeschlagen:

- Deutschland ist die Heimat der Erinnerungskultur: Wir werden nicht aufhören, uns gegen Antisemitismus und andere Formen der Menschenverachtung stark zu machen.
- Deutschland ist die Heimat der Weltoffenheit: Wir sind seit Jahrhunderten ein Ein- und Auswanderungsland. Wir haben viel Erfahrung mit dem Zusammenleben von Menschen unterschiedlicher Herkunft und Religion gemacht und daraus viel gelernt.
- Deutschland ist die Heimat der Religionsfreiheit: Wir haben Regeln, die es Menschen erlauben, sich mit ihrer Religion und Weltanschauung frei zu entfalten. Jede*r nach seine*r Façon.

Ich halte es für richtig, in der Politik nicht nur auf Sacharbeit und Fakten, sondern auch auf Emotionen zu setzen. Die Grundidee von Heimatpolitik war so gesehen nicht falsch. Nur wäre es klug, keine Konzepte auf rückwärtsgewandten und vorbelasteten Bildern aufzubauen und die Menschen nicht bei negativen Gefühlen abzuholen, wie Ängste, Sorgen und »Überfremdung«. Perspektivisch sinnvoller und angenehmer für alle wäre, bei positiven Gefühlen und Einstellungen anzusetzen, wie Zufriedenheit, Zusammenhalt, Toleranz, Solidarität oder Anstand.

Weniger Apokalypse, mehr gute Laune. Das wäre schön.

BÄM! Kleine Auswahl Neuer Deutscher Meinungen

Vielen Dank allen unerwähnten Neuen Deutschen und anderen klugen Köpfen, die in den letzten Jahrzehnten schon gesagt und geschrieben haben, was gesagt werden musste. Hier eine kleine persönliche Auswahl an Lektüre:

May Ayim: »Grenzenlos und unverschämt. Essays & politische Texte«, 1997

Kanak Attack: Manifest, 1998 (http://www.kanak-attak.de/ka)

Anetta Kahane: »Ich sehe was, was du nicht siehst: Meine deutschen Geschichten«, 2004

Canan Topçu: »EinBÜRGERung. Lesebuch über Deutschland«, 2007

Noah Sow: »Deutschland Schwarz Weiß«, 2008

Fatih Çevikkollu, Sheila Mysorekar: »Der Moslem-TÜV«, 2008

Paul Mecheril: »Politik der Unreinheit. Ein Essay über Hybridität«, 2009

Mark Terkessidis: »Interkultur«, 2010

Hilal Sezgin: »Manifest der Vielen – Deutschland erfindet sich neu«, 2011

Riem Spielhaus: »Wer ist hier Muslim? Islamisches

Bewusstsein in Deutschland zwischen Selbstidentifikation und Fremdzuschreibung«, 2011

Susan Arndt, Nadja Ofuatey-Alazard (Hrsg.): »Wie Rassismus aus Wörtern spricht. (K)Erben des Kolonialismus im Wissensarchiv deutsche Sprache«, 2011

Kien Nghi Ha (Hrsg.): »Asiatische Deutsche. Vietnamesische Diaspora and Beyond«, 2012

Özlem Topçu, Alice Bota, Khuê Phạm: »Wir neuen Deutschen. Wer wir sind, was wir wollen«, 2012

Anne Chebu: »Anleitung zum Schwarz sein«, 2014

Dotschy Reinhardt: »Everybody's Gypsy: Popkultur zwischen Ausgrenzung und Respekt«, 2014

Navid Kermani: »Wer ist Wir? Deutschland und seine Muslime«, 2015

Miltiadis Oulios: »Blackbox Abschiebung« – Geschichte, Theorie und Praxis der deutschen Migrationspolitik«, 2015

Jagoda Marinić: »Made in Germany. Was ist deutsch in Deutschland«, 2016

Kemal Bozay, Bahar Aslan, Orhan Mangitay, Funda Özfirat (Hrsg.): »Die haben gedacht, wir waren das. MigrantInnen über rechten Terror und Rassismus«, 2016

Kien Nghi Ha, Nicola Lauré al-Samarai, Sheila Mysorekar (Hrsg.): »re/visionen. Postkoloniale Perspektiven von People of Color auf Rassismus...«, 2016

Fatima El-Tayeb: »Undeutsch. Die Konstruktion des

Anderen in der postmigrantischen Gesellschaft«, 2016

Tupoka Ogette: »Exit Racism. Rassismuskritisch denken lernen«, 2017

Mehmet Daimagüler: »Empörung reicht nicht. Mein Plädoyer im NSU-Prozess«, 2017

Micha Brumlik, Marina Chernivsky, Max Czollek, Hannah Peaceman, Anna Schapiro, Lea Wohl von Haselberg (Hrsg.): Yalta – Positionen zur jüdischen Gegenwart, 2017

Max Czollek: »Desintegriert euch!«, 2018

Aladin El-Maafalani: »Das Integrationsparadox. Warum gelungene Integration zu mehr Konflikten führt«, 2018

Anatol Stefanowitsch: »Eine Frage der Moral. Warum wir politisch korrekte Sprache brauchen«, 2018

Ozan Zakariya Keskinkılıç, Ármin Langer (Hrsg.): »Fremdgemacht & Reorientiert – jüdisch-muslimische Verflechtungen«, 2018

Dunja Hayali: »Haymatland. Wie wollen wir zusammenleben?«, 2018

Nariman Hammouti-Reinke: »Ich diene Deutschland«, 2019

Naika Foroutan: »Die postmigrantische Gesellschaft. Ein Versprechen der pluralen Demokratie«, 2019

Meltem Kulaçatan / Harry Harun Behr (Hrsg.): »Migration. Religion. Gender und Bildung«, 2019

Dank

Vielen Dank, Sven!

Vielen Dank, liebe*r Hülya, Brigitte, Lisa, Bernd, Ralph, Klaus, Özge, Dominik, Meltem, Elisabetta, Tahir, Karim, Hadija, Mehmet, Gilda, Cihan, Riem, Daniel, Sheila, Mekonnen, Konstantina.

Ihr seid Bombe.

Vita

Ferda Ataman (Jahrgang 1979) ist Publizistin und arbeitet seit vielen Jahren im Bereich Migration und Integration. Seit 2018 schreibt sie die Heimatkunde-Kolumne bei Spiegel Online. Sie ist Vorsitzende der Initiative »Neue deutsche Medienmacher«, der größten bundesweiten Vereinigung von Journalisten aus Einwandererfamilien. Und sie ist Sprecherin der »neuen deutschen organisationen«, einem bundesweiten Zusammenschluss von Vereinen und Initiativen, die sich gegen Rassismus und für Vielfalt in der Gesellschaft einsetzen. Ferda Ataman lebt in Berlin.